DEUXIÈME CENTENAIRE

DE LA FONDATION

DE LA

COMÉDIE FRANÇAISE

PARIS

21 OCTOBRE 1880

DEUXIÈME CENTENAIRE

DE LA FONDATION DE LA

COMÉDIE FRANÇAISE

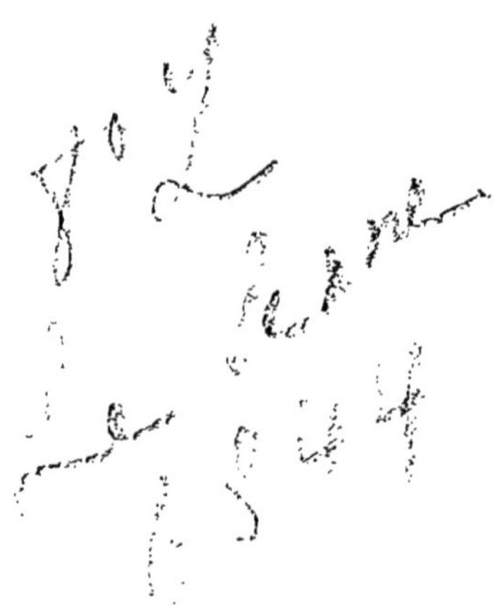

TIRÉ A CINQ CENTS EXEMPLAIRES.

Il a été tiré en outre vingt-cinq exemplaires sur *papier de Chine* (nos 1 à 25) et vingt-cinq sur *papier Whatman* (nos 26 à 50), contenant *double épreuve des planches*, avec et avant la lettre.

B. Damman sc. Jouaust. Ed.

MOLIERE
dans l'Impromptu de Versailles

DEUXIÈME CENTENAIRE

DE LA FONDATION DE LA

COMÉDIE FRANÇAISE

L'IMPROMPTU DE VERSAILLES
LE BOURGEOIS GENTILHOMME

PRÉCÉDÉS D'UNE NOTICE

PAR P. REGNIER
Ancien Sociétaire de la Comédie-Française

ET D'UN A-PROPOS EN VERS

PAR F. COPPÉE

Avec deux portraits en pied de Molière gravés par Damman

PARIS

LIBRAIRIE DES BIBLIOPHILES
Rue S.-Honoré, 338.

LIBRAIRIE P. OLLENDORFF
Rue de Richelieu, 28 bis.

M DCCC LXXX

A M. EMILE PERRIN

ADMINISTRATEUR GÉNÉRAL DE LA COMÉDIE-FRANÇAISE
MEMBRE DE L'INSTITUT

HOMMAGE DES ÉDITEURS

D. JOUAUST, P. OLLENDORFF

NOTICE

DANS *l'étude du notaire de la Comédie-Française, est conservée la* lettre de cachet *suivante, que nous reproduisons d'après le* Registre de Lagrange.

DE PAR LE ROY

SA MAJESTÉ, ayant estimé à propos de reunir les deux troupes de Comediens establis à l'Hostel de Bourgogne, et dans la rue de Guenegaut, à Paris, pour n'en faire à l'auenir qu'vne seulle, affin de rendre les representations des comedies plus parfaictes par le moyen des acteurs et actrices auxquels Elle a donné place dans sadite Troupe, Sa Majesté a ordonné et ordonne qu'à l'auenir ses dites deux Troupes de Comediens François seront réunies pour n'en faire qu'une seulle et mesme Troupe, et sera composée des acteurs et actrices dont la liste est cy dessus arrestée par Sa Majesté; et pour leur donner moyen de se perfectionner de plus en plus, Sadite Majesté veut que ladite seulle Troupe puisse représenter les comedies dans Paris, faisant deffences à tous autres comediens françois de s'establir dans ladite ville et fauxbourg de Paris sans ordre exprez de Sadite Majesté; Enjoint Sa Majesté au sieur de la Reynie, Lieutenant general de Police, de tenir la main à l'execution de la presente ordonnance. Faict à Versailles, le 21me jour d'octobre 1680.

Signé : LOUIS, avec le cachet de Sa Majesté, et au bas : COLBERT.

Le 21 octobre 1680 : telle est donc la date de la société civile de la Comédie-Française; mais cette date, que les comédiens ont choisie pour célébrer l'acte bicentenaire de leur fondation, ne peut pas être considérée comme celle de leur origine. En 1680, tout ce que Corneille, Racine et Molière ont écrit, avait été déjà joué sur des théâtres différents, à l'hôtel de Bourgogne, au théâtre du Marais, et sur ceux dont Molière lui-même avait été le chef, le Petit-Bourbon et le Palais-Royal.

Dans l'ordre du temps, l'hôtel de Bourgogne est le véritable ancêtre de la Comédie-Française actuelle, et l'année 1548 devrait être le millésime de sa médaille. En effet, sous Charles VI, les Confrères de la Passion *avaient obtenu le privilège du premier théâtre que la France ait connu, à la condition expresse de ne représenter que des pièces sacrées; mais, le 17 novembre 1548, le Parlement ne consentit à renouveler leur privilège qu'à la condition toute contraire, et tout aussi expresse, qu'ils ne joueraient plus que* « des pièces prophanes, honnestes et licites, sans offenser ni injurier aulcunes personnes ». *Les Confrères se retirèrent, les vrais comédiens apparurent, bâtirent une salle dans une dépendance de l'hôtel des ducs de Bourgogne, rue Mauconseil, et c'est dans cette salle, berceau du Théâtre-Français, que furent jouées les pièces de Jodelle, de Garnier, de Larivey, de Rotrou, de Corneille et de Racine. Pendant cent trente-deux ans, ce théâtre fut le grand plaisir de nos pères, et quand, par lettre de cachet, Louis XIV le réunit à celui des successeurs de Molière, il continua à jouer les pièces que le théâtre de la rue Richelieu représente encore aujourd'hui.*

Cette incontestable antiquité a peu touché les comédiens français, et c'est à Molière qu'ils ont toujours préféré rattacher leurs quartiers de noblesse. Le grand roi, en constituant leur société, en la dotant d'une pension, en se réservant de décider de l'admission ou du rejet des comédiens qu'ils prétendraient s'adjoindre et en faisant d'eux ses Comédiens ordinaires, *leur a donné, il est vrai, la durée, l'existence matérielle; mais le grand poète leur a donné sa gloire et son nom, qui, aux temps difficiles, mieux que les contrats et les règlements, ont protégé la* Maison de Molière.

En effet, lorsque la tourmente révolutionnaire l'eut abattue, c'est le nom de Molière, glorieux entre tous, qui la fit, en l'an VIII, sortir de ses ruines et réintégrer dans ses droits; c'est encore le nom de Molière qui l'a sauvée en 1834, le jour, je m'en souviens, où l'on fut tout près de la détruire. Cette faute et ce malheur furent évités : un ministre à qui la France a dû, plus tard, de bien autres obligations, M. Thiers, arrêta les convoitises et se refusa opiniâtrément à laisser dégénérer en entreprise commerciale une institution qui, fondée par Louis XIV, rétablie par le Premier Consul, s'appelait toujours la Maison de Molière.

C'est ainsi que la Comédie-Française peut aujourd'hui, en célébrant l'anniversaire de ses deux cents ans de durée, témoigner sa reconnaissance au monarque qui l'a instituée, à l'État qui l'a protégée, aux grands écrivains qui lui ont donné la vie, et aux comédiens illustres dont elle a recueilli l'héritage et les exemples.

Le présent volume a pour but de fixer le souvenir de cette fête, que les comédiens promettent pour le 21 octobre 1880, et qui doit prendre place dans leurs annales. Puisse-t-elle, c'est former un vœu pour la perpétuité d'un théâtre sans pareil et dont la France est justement fière, puisse-t-elle devenir une tradition pour les comédiens de l'avenir!

Les comédiens du passé ne songèrent pas à l'établir, il y a cent ans. Ils venaient sept années auparavant de célébrer avec éclat le premier centenaire de Molière, et ils pensèrent que l'hommage solennel qu'ils avaient rendu à cette grande mémoire acquittait leur dette de reconnaissance envers le passé. Le nom de Molière, en effet, ne comprenait-il pas tout? Ne résumait-il pas les traditions les plus glorieuses de leur maison? N'est-ce pas lui qui l'avait illustrée de ses chefs-d'œuvre? N'est-ce pas à lui qu'ils devaient la protection du grand roi et de son successeur? N'est-ce pas lui qui, dans le théâtre qu'il dirigeait avec « cette honnesteté et cette manière engageante » *que Lagrange a constatée, créa l'administration, établit la règle, institua le journal quotidien, les registres, les pensions, et légiféra si bien toutes choses, qu'en altérant le* dictum *appliqué à tant d'illustrations de l'art et de la poésie,* Ordre et Génie *aurait pu devenir la devise du théâtre de Molière?*

En réparant l'oubli du siècle dernier, le Théâtre-Français d'aujourd'hui n'a pas cru qu'un seul nom dût suffire pour symboliser sa fête. Ne s'adressant qu'au passé, il a cherché à satisfaire tous les goûts et toutes les convenances littéraires, et son administrateur actuel, M. Émile Perrin, s'est arrêté à l'idée d'une sorte de jubilé dramatique où, pendant plusieurs soirées, le public passerait en revue une série des chefs-d'œuvre de notre scène nationale. C'est par une soirée à laquelle seront conviées les notabilités de la littérature, des arts, de la politique et de la presse, par une répétition générale de trois actes du BOURGEOIS GENTILHOMME *et de* L'IMPROMPTU DE VERSAILLES, *remontés avec une recherche archaïque qui pourra donner l'illusion du passé, qu'on inaugurera ces représentations.*

Un document récemment mis au jour a fourni des clartés nouvelles sur la façon luxueuse dont LE BOURGEOIS GENTILHOMME *fut représenté à Chambord, lors de son apparition* [1].

Quant à L'IMPROMPTU DE VERSAILLES, *ce sera, depuis la mort de Molière, sa troisième représentation,*

---

1. Ce document a été publié par M. Jules Claretie, dans le journal *le Temps*, numéro du 31 août 1880.

et, circonstance assez bizarre, c'est précisément l'acte dont la Comédie-Française fête l'anniversaire, la lettre de cachet par laquelle Louis XIV ordonnait la jonction des deux troupes, qui a surtout déterminé son exclusion du répertoire.

L'IMPROMPTU*, on le sait, fut une riposte aux attaques, aux outrages, — le mot n'exagère rien, — dont Molière était l'objet de la part de quelques auteurs et de tous les comédiens de l'hôtel de Bourgogne. Sa vengeance fut de mettre ces derniers en scène, de contrefaire leur jeu, et de démontrer en maître comédien ce que leur talent avait de faux, de ridicule et d'outré.*

Molière avait, paraît-il, un don de mimique et d'imitation tout particulier; dans L'IMPROMPTU*, une de ses actrices en fait la remarque, il excellait à contrefaire. C'est là, assurément, une faculté bien inférieure, quand c'est la seule que le comédien possède; mais pour Molière, doué de toutes les autres, elle était singulièrement précieuse, puisqu'elle lui permettait de risquer sur la scène la caricature de ses ennemis, et de leur donner, en les faisant reconnaître, une leçon que le rire du public rendait plus cruelle encore.*

Cette leçon, avait-il autorité pour la donner? — Il n'en faut pas douter.

Molière, tout le prouve, a été un excellent comédien; si la curiosité, aujourd'hui éveillée sur tout ce qui le touche, s'irrite du petit nombre de renseigne-

ments que l'on obtient sur lui malgré la persistance des recherches, on en possède assez cependant pour être certain que le comédien, en lui, fut de premier ordre : c'est la renommée du poète qui a rendu insignifiante celle de l'acteur.

Et cependant quelle passion l'a d'abord entraîné vers le théâtre? Celle d'écrire des pièces ou de les jouer? La dernière évidemment. Lagrange l'affirme, en assurant qu'il excellait *dans l'art du comédien* par des talents extraordinaires, *et il est certain qu'il doit le commencement de sa réputation et les premiers encouragements de Louis XIV moins à son génie de poète qu'à son talent d'acteur.*

Ses pièces, disaient ses ennemis, n'ont de succès que parce que c'est lui qui les joue; après sa mort, on verra ce qu'elles valent.

« Il est mauvais poète et bon comédien, » dit LA CRITIQUE DE TARTUFFE,

« Et, a dit un autre, ce qui fait rire dans sa bouche fait souvent pitié sur le papier. »

Que dit aussi LE MERCURE, *presque le lendemain de sa mort?*

« Il était tout comédien depuis les pieds jusqu'à la tête : il sembloit qu'il eût plusieurs voix; tout parloit en lui, et, d'un pas, d'un sourire, d'un clin d'œil et d'un remuement de tête, il faisoit plus concevoir de choses que le plus grand parleur n'auroit pu dire en une heure. »

Citons encore un historien dauphinois, un contem-

porain de Molière, Nicolas Chorier, qui, dans un livre en latin, a écrit cette phrase : « Molière, qui a écrit les plus ingénieuses comédies, fut le maître de tous les acteurs et le Roscius de notre âge[1]. »

Je pourrais encore rappeler ce que Chapuzeau, ce que La Serre, ce que Marcel ont dit de l'excellence de ses talents comme acteur : « C'est par la vérité des sentiments, assure l'un d'eux, par l'intelligence des expressions et par toutes les finesses de l'art, qu'il séduisait les spectateurs, au point qu'ils ne distinguaient plus le personnage représenté d'avec le comédien ; aussi se chargeait-il toujours des rôles les plus longs et les plus difficiles. »

Ainsi donc, à part quelques rivaux qui ont essayé de combattre le sentiment général, amis et ennemis ont été de l'opinion du P. Bouhours, qui appelle Molière un incomparable acteur, *et de Mme de Sévigné, qui, faisant l'éloge de l'un des talents de son fils, dit : « Mon fils nous lit des comédies comme Molière les joue. »*

Les seules attaques sérieuses contre son talent d'acteur portèrent surtout sur la prétention, qu'on lui reprochait, de vouloir jouer la tragédie. Ce reproche même, à mon sens, mériterait d'être discuté. Il est possible, bien « qu'il eût la taille plus grande que petite, la jambe belle, la démarche grave et

---

1. *Adversaria de vita et rebus suis.* Imprimé pour la première fois à Grenoble, en 1847.

l'air sérieux », *qu'il ne possédât pas la voix et toutes les qualités extérieures nécessaires à la noblesse du genre. Mais n'est-il pas possible aussi, et j'incline à le croire, que Molière, comme tragédien, fût en dehors et au-dessus des idées de son temps,* « qu'il ne sût pas » *ou ne voulût pas* « faire ronfler le vers et s'arrêter au bel endroit? » *L'acteur-poëte qui forma le talent dramatique de Baron devait sentir la tragédie d'une tout autre manière que les Montfleury et les Beauchâteau; tout autre devait être son accent. Et qui pourrait dire que ses idées fussent fausses en pareille matière, quand nous le voyons se rencontrer avec Shakespeare sur cette question d'interprétation dramatique? Les deux poëtes, tous deux comédiens, étaient du même avis. Leurs préceptes sont les mêmes, et c'est presque dans les mêmes termes qu'ils s'expriment.*

Écoutons, dans Hamlet, *les recommandations de Shakespeare aux comédiens :*

« *Dites* [1], *je vous prie, cette tirade comme je l'ai prononcée devant vous, couramment; mais si vous la braillez, comme font beaucoup de nos acteurs, j'aimerais autant faire dire mes vers par les crieurs de la ville. Ne sciez pas trop l'air ainsi avec votre bras; mais usez de tout sobrement, car, au milieu du torrent, de la tempête, et je pourrais dire du tourbillon de la passion, vous devez avoir et conserver une modération qui lui donne de l'harmonie. Oh! cela me*

1. Traduction de François Hugo.

blesse jusque dans l'âme d'entendre un robuste gaillard à perruque échevelée mettre une passion en lambeaux, voire en haillons, et fendre les oreilles de la galerie, qui généralement n'apprécie qu'une pantomime incompréhensible et le bruit. Je voudrais faire fouetter ce gaillard-là qui exagère ainsi le matamore et outre-hérode Hérode! *Évitez cela, je vous prie!* [1] »

N'est-ce pas l'opinion de Molière? Sa pensée n'est-elle pas claire quand, s'adressant au comédien qui a observé le précepte de Shakespeare, qui a été trouvé « raisonnable partout où il a passé », *qui vient de réciter* « humainement », *avec un accent juste et vrai, quelques vers de Nicomède, il dit:* « Comment! vous appelez cela réciter? — C'est se railler! il faut dire les choses avec emphase, — prendre le ton démoniaque... »

Pourquoi Montfleury, à qui cette leçon s'applique, n'a-t-il pas eu la sagesse de l'écouter? Pourquoi n'a-t-il pas suivi le précepte de Shakespeare? Il ne serait pas mort le ventre déchiré, après une représentation d'Andromaque, *pour avoir pris le* ton démoniaque, *pour avoir mis la* passion en lambeaux, *pour avoir* outre-oresté Oreste [2].

1. « I would have such a fellow whipped for o'er-doing Termagant; it out-herods Herod. Pray you, avoid it. »

2. L'école hurlante a, dans le passé, fait deux autres victimes : Mondory, — étrange rapprochement, — mort après avoir joué Hérode, dans la *Mariamne* de Tristan, et

Écoutons encore Shakespeare :

« Mettez l'action d'accord avec la parole, la parole d'accord avec l'action, en vous appliquant spécialement à ne jamais violer la nature. »

« Admirez, dit Molière ironiquement, lui qui veut autre part que l'on parle comme « parle la nature *», admirez le visage riant que conserve Mlle de Beauchâteau dans les plus grandes afflictions. »*

— « Toute exagération s'écarte du but du théâtre, reprend Shakespeare, et Molière, comme un écho, veut « qu'on parle le plus naturellement qu'il est possible. »

« Si l'expression est exagérée, dit Shakespeare, elle blessera à coup sûr l'homme judicieux, dont la critique a plus de poids que celle d'une salle entière. » Et Molière, toujours ironique : « Si vous récitez avec naturel, si vous n'appuyez pas comme il faut sur le dernier vers, vous n'attirerez pas l'approbation, et vous ne ferez pas faire le brouhaha. »

Comment le comédien qui donne ces conseils judicieux, comment Molière ne les aurait-il pas lui-même mis en pratique? N'est-ce pas parce que, seul, il était sans emphase que ses contemporains le trouvaient familier? Et, pour être prisé comme acteur tragique, ne lui a-t-il pas manqué seulement ce qui fait le succès de tant d'autres, des défauts à la mode?

Brécourt, qui, dans sa propre pièce de *Timon*, dut le même sort à son jeu forcené.

Quoi qu'il en soit, on peut imaginer la fureu des Grands Comédiens, *quand ils se virent fustigés de si plaisante façon par un rival que grandissait chaque jour la faveur du public. La leçon était rude, faible la réplique qu'ils tentèrent, et force leur fut d'attendre pour assouvir leur ressentiment. Mais aussi quelle dut être leur joie, quand, plus tard, aidés de Racine, ils purent enfin prendre une revanche, et porter sournoisement à leur illustre détracteur un coup si sensible à l'auteur, un préjudice si sérieux au directeur, en lui enlevant l'actrice la plus remarquable de sa troupe ! Infidèle à la parole que tous les comédiens de Molière lui avaient donnée,* « de courir sa fortune et de ne le quitter jamais », *Mlle Duparc se fit l'instrument de la vengeance de ceux qu'elle avait contribué à railler dans* l'Impromptu ; *sans vergogne aucune, elle passa dans le camp ennemi. Cette désertion, hâtons-nous de le dire, fut la seule du vivant de Molière ; mais à peine était-il mort que les grands comédiens, sans se rendre compte de l'hommage qu'ils rendaient ainsi indirectement à celui qu'ils avaient abreuvé d'insultes, s'agrégeaient quatre des acteurs qu'il avait su grouper et former, et parmi eux l'ingrat Baron, son élève favori, qui allait donner à une compagnie rivale l'appui d'un talent développé par Molière, et dont il croyait avoir assuré le concours à ses successeurs.*

Mais il leur restait le nom de Molière et son œuvre. Il leur restait aussi son ami Lagrange, le bon comédien, dont l'excellente étude de M. Édouard Thierry nous a présenté un portrait si sympathique. C'est à l'initiative de cet habile et honnête homme, il est permis de le croire, que les successeurs de Molière, installés au théâtre Guénégaud, rue Mazarine, durent, après sept ans d'un travail patient, de relever enfin leurs affaires en s'attachant Mlle de Champmeslé, l'actrice la plus en faveur de l'hôtel de Bourgogne.

La lutte, on le voit, continuait toujours, et c'est alors que l'animosité était à son comble, alors que de part et d'autre elle s'affirmait par les plus vives représailles, que la lettre de cachet de Louis XIV venait ordonner aux deux troupes rivales de n'en plus former désormais qu'une seule.

Je me suis souvent demandé quelle avait dû être la contenance de tous ces comédiens qui se détestaient, lorsqu'un commandement exprès du roi leur vint de se trouver bons les uns et les autres et d'avoir des intérêts communs. La réunion de leur premier comité dut présenter un spectacle assez curieux! Mais, bien qu'on en eût, il fallait obéir, et la paix dut peu à peu s'établir dans les esprits. La nécessité, d'ailleurs, leur en faisait une loi; si factices que soient les sentiments que les comédiens expriment, il leur est impossible, qu'on le sache bien, de jouer, en se détestant, l'amour et l'amitié. Sur la scène, il faut s'entendre, se servir mutuellement, entretenir, pour le moins, de bons rapports avec ses partenaires. Il est donc pré-

sumable qu'au bout de peu de temps, les deux camps ne formant plus qu'une armée, l'inimitié disparut. On se fit de mutuelles concessions : Molière était entré dans la postérité ; ses pièces, d'ailleurs, fourmillaient de beaux rôles, et les comédiens de l'hôtel de Bourgogne n'étaient pas moins sensibles aux succès qu'ils leur valaient qu'aux bénéfices qu'ils en tiraient.

Quant à ceux de Guénégaud, ramenés à une appréciation moins sévère de la valeur de leurs nouveaux camarades, ils ne pouvaient plus songer à ridiculiser devant la rampe les talents d'artistes qui étaient devenus leurs associés.

L'IMPROMPTU DE VERSAILLES *devait donc naturellement disparaître. De quels acteurs se serait-on moqué ? Il n'y avait plus, — le Roi le voulait, — qu'une seule troupe de comédiens dans Paris.*

Cette principale difficulté a empêché la représentation de L'IMPROMPTU *pendant plus de cent soixante ans.*

Ce ne fut que dans les premières années du règne de Louis-Philippe, quand le public commençait à se reprendre de goût pour le vieux répertoire, que les comédiens d'alors, qui venaient de jouer LA CRITIQUE DE L'ÉCOLE DES FEMMES, *furent amenés par le grand succès qu'ils y avaient obtenu à tenter la reprise de* L'IMPROMPTU DE VERSAILLES.

C'est le 12 mai 1838 qu'eut lieu cette reprise. Un très grand comédien, que le théâtre et l'amitié ne sauraient trop regretter, Samson, joua le rôle de Mo-

lière. Malgré le talent qui lui était habituel et dont il donna dans ce rôle une nouvelle preuve, il se heurta contre la difficulté que je viens de signaler : l'impossibilité d'imiter des comédiens qu'il n'avait pas pu voir, ou bien, sous prétexte de ridiculiser les travers que Molière leur reprochait, de s'attaquer à des personnalités vivantes, ce que le goût et la confraternité lui défendaient de tenter. Après une seconde représentation, la pièce fut encore une fois abandonnée.

Elle va reparaître avec un acteur justement digne de la faveur publique, et qui, s'il essayait de contrefaire tel ou tel comédien connu, produirait, on peut en être sûr, une ressemblance aussi exacte que plaisante. Puisse-t-il faire prendre, à la représentation de la pièce, tout le plaisir que fait éprouver sa lecture! Quel que soit le succès de sa tentative, ce sera un honneur de sa vie d'artiste, que d'avoir été choisi, entre tous les talents dont s'honore encore aujourd'hui la Comédie-Française, pour jouer un rôle qui, jusqu'à nos jours, n'aura eu que trois interprètes : Molière, Samson et Coquelin.

P. R.

ORDRE DES SPECTACLES

DONNÉS A L'OCCASION
DU DEUX-CENTIÈME ANNIVERSAIRE DE LA FONDATION
DE LA COMÉDIE-FRANÇAISE.

MERCREDI 20 octobre 1880. — Répétition générale, à laquelle sont invitées les notabilités de la littérature, des arts, de la politique et de la presse. — Le spectacle se composera des trois premiers actes du *Bourgeois gentilhomme*, de *l'Impromptu de Versailles*, et de *la Maison de Molière*, poésie de M. François COPPÉE, dite par M. GOT, doyen des Sociétaires de la Comédie-Française.

JEUDI 21. — *Le Misanthrope*, *l'Impromptu de Versailles*, *la Maison de Molière*.

VENDREDI 22. — *Les Femmes savantes*, *l'Impromptu de Versailles*, *la Maison de Molière*.

SAMEDI 23. — *Horace*, *le Menteur*.

DIMANCHE 24. — *L'Avare*, *le Malade imaginaire*, *la Cérémonie*.

LUNDI 25. — *Tartuffe*, *l'Impromptu de Versailles*, *la Maison de Molière*.

MARDI 26. — *Iphigénie en Aulide*, *les Plaideurs*.

MERCREDI 27. — *L'École des Femmes*, *l'Impromptu de Versailles*, *la Maison de Molière*.

JEUDI 28. — Première représentation de la reprise du *Bourgeois gentilhomme*, avec la musique de Lulli, les intermèdes et la Cérémonie turque.

DISTRIBUTION

DU *BOURGEOIS GENTILHOMME*

Un Maître de philosophie.	MM.	GOT.
Cléonte.		DELAUNAY.
M. Jourdain.		THIRON.
Dorante.		LAROCHE.
Covielle.		COQUELIN cadet.
Un Maître de musique.		PRUDHON.
Un Garçon tailleur.		ROGER.
Un Maître d'armes.		VILLAIN.
Un Maître tailleur.		RICHARD.
Un Maître de danse.		TRUFFIER.
Un Laquais.		TRONCHET.
Mme Jourdain.	Mmes	JOUASSAIN.
Lucile.		REICHEMBERG.
Dorimène.		Émilie BROISAT.
Nicole.		J. SAMARY.

DIVERTISSEMENTS.

Chant. — MM. VERNOUILLET, FONTAINE, Mlle JACOB, du Conservatoire national de Musique.

Danse. — MM. MARIUS, FRANÇOIS, PERROT, E. BERGÉ, du Théâtre national de l'Opéra.

Les Divertissements de danse ont été réglés par Mlle Laure FONTA, *de l'Opéra.*

DISTRIBUTION

DE *L'IMPROMPTU DE VERSAILLES.*

La Grange.	MM. Delaunay.
Molière.	Coquelin.
La Thorillière.	Barré.
Brecourt.	Worms.
Béjart.	Prudhon.
Du Croisy.	Silvain.
Premier Nécessaire.	Davrigny.
Deuxième —	P. Reney.
Troisième —	Leloir.
Quatrième —	De Féraudy.
Mlles Du Parc.	Mmes Croizette.
— Molière.	Barretta.
— De Brie.	Émilie Broisat.
— Du Croisy.	J. Samary.
— Hervé.	Martin.
— Béjart.	Bartet.

LA MAISON DE MOLIÈRE

POÉSIE

DITE A LA COMÉDIE-FRANÇAISE LE 21 OCTOBRE 1880

PAR M. GOT

DOYEN DES SOCIÉTAIRES

Jadis, quand à travers le Maine ou la Bretagne
Il traînait après lui ses acteurs de campagne,
Plus d'une fois, surpris en plein champ par le soir,
Molière a dû frapper aux portes d'un manoir;
Et là, passant suspect, voyageur qui dérange,
Peut-être a-t-il parfois dû coucher dans la grange
Qu'ouvrait en maugréant quelque insolent valet.
Seul, le sublime fils du grand Shakspeare, Hamlet,
Aurait vu sur ce front la marque souveraine;
Seul, il eût fait accueil à la troupe foraine,
En leur disant à tous, avec beaucoup d'honneur :
« Soyez les bienvenus, Messieurs, dans Elseneur! »
Les temps sont bien changés; et Molière, à cette heure,
Donne asile en sa grande et célèbre demeure

Aux maîtres du passé comme aux maîtres présents;
Aujourd'hui même, elle est vieille de deux cents ans,
Et dans cette maison, son œuvre, son idée,
Que plus que le Grand Roi son génie a fondée,
Et qui pour la pensée humaine est un besoin,
Le rêveur qui jadis, étendu dans le foin,
Peut-être méditait déjà LE MISANTHROPE,
Ce soir à tout Paris, à la France, à l'Europe,
Au monde, où ses chefs-d'œuvre en tous lieux sont connus,
Peut dire avec orgueil : « Soyez les bienvenus! »

Deux cents ans! Songez-y... Quelle éclatante gloire
Demeure intacte après deux siècles dans l'histoire;
Presque aucune. Quel roi, quel césar, quel tribun
Reste debout après deux siècles? Presque aucun.
Le souvenir s'en va des gagneurs de batailles
Comme leurs fronts laurés s'usent sur les médailles;
La voix qui fit tomber les murs de Jéricho
S'éteint dans l'avenir profond et sans écho;
L'herbe pousse en cachant la colonne abattue,
Et l'échafaud se dresse où planait la statue.
Tout disparaît. L'Art seul a l'immortalité!
Et le plus clair esprit qui jamais ait été,
Molière, dont sans cesse une foule empressée
Acclame, en s'enivrant du vin de sa pensée,
Le nom toujours plus pur, plus illustre et plus beau,
Il a son temple, lui qui n'a pas de tombeau!

Mais il n'est pas jaloux; il reçoit dans ce temple

Tous ceux pour qui son œuvre est l'éternel exemple;
Et quand Louis quatorze autrefois ordonna
Qu'avec TARTUFFE *on pût jouer* PHÈDRE *ou* CINNA
Et que l'on réunît pour la même besogne
La maison de Molière à l'hôtel de Bourgogne,
Son ombre fut heureuse; elle tendit les mains
Au plus tendre des Grecs, au plus fier des Romains;
Et, par notre immortel Molière présidée,
La grande trinité classique était fondée!

Aussi c'est protégés par ces trois noms égaux
Que, depuis lors, Regnard, Voltaire, Marivaux,
Le Sage, Beaumarchais, Sedaine, et tant de maîtres
Qui restent grands encore après de tels ancêtres
Et dont le vieux logis conserve, hospitalier,
L'œuvre sur le théâtre et le buste au foyer,
Éloquents prosateurs, poètes pathétiques,
Se sont transmis, ainsi que les coureurs antiques,
La tradition sainte et le flambeau sacré
De l'idéal par qui le monde est éclairé!

Vous pouvez être fiers, ô classiques de marbre!
Car votre œuvre grandit toujours, comme un vieil arbre
Qui, lorsque vient l'avril, pousse dans tous les sens
La robuste fraîcheur de ses rameaux puissants,
Tout heureux d'abriter sous ses vertes ombelles
Tant de jeunes oiseaux et de chansons nouvelles.
Là, le moindre poète est utile, et tout sert
A l'admirable accord du sublime concert.

Dès qu'une voix se tait, une autre voix s'élance.
Le ciel de l'art fut plein d'un douloureux silence
Lorsque le chant amer et tendre s'éteignit
De Musset, rossignol trop tôt tombé du nid.
Mais on ne suspend point l'effort de la nature ;
Tout crépuscule annonce une aurore future,
Et l'on ne doit jamais douter du lendemain.
Comparez l'Océan et le génie humain ;
Tous les deux sont régis par une loi conforme.
Après les petits flots vient une lame énorme ;
Un silence plus long suit son écroulement,
Et l'eau beaucoup plus loin recule en écumant ;
Sur la grève elle s'est, en râlant, retirée ;
Mais rien ne contiendra l'assaut de la marée ;
Et tu le sais, ô siècle éternellement fier
De voir l'œuvre d'Hugo monter comme la mer !

Quant à nous, ce n'est pas sans un sentiment triste
Que nous parlons ici de gloire qui résiste.
L'acteur périt avec le public qui l'aima.
Les plus vieux d'entre vous ont-ils pu voir Talma ?
ANDROMAQUE *et* LE CID *sont illustres de reste ;*
Mais qui créa Rodrigue et qui jouait Oreste ?
Pourtant, des grands auteurs interprètes fameux,
Lekain, Mars ou Rachel n'ont-ils pas, tout comme eux,
Conservé, purs de toute influence mauvaise,
Le charme et la grandeur de la scène française,
Et, comme nos anciens, sommes-nous pas encor
Les gardiens vigilants du noble et cher trésor ?

N'avons-nous pas servi cette langue chérie
Qui mieux qu'un étendard résume la patrie,
Ce doux langage auquel on ne renonce pas,
Là même où l'étranger force à le parler bas?
Sa gloire, avec respect nous l'avons conservée.
Aussi, modestement, mais la tête levée,
Nous osons nous tenir devant nos grands patrons.
Hélas! c'est tout entiers que nous disparaîtrons;
Mais, en donnant l'amour des beaux vers et du style,
Nous aurons fait du moins œuvre d'art, œuvre utile,
Et rempli dans le monde un devoir assez beau,
Nous, les humbles soldats qui gardons le drapeau!

François Coppée.

L'IMPROMPTU

DE VERSAILLES

COMEDIE

Representée la premiere fois, à Versailles, pour le Roy,
le quatorziéme octobre 1663,
et donnée depuis au public dans la salle du Palais Royal
le quatriéme novembre de la mesme année 1663,

Par la trouppe de Monsieur,
Frere unique du Roy.

NOMS DES ACTEURS.

MOLIERE, marquis ridicule.
BRECOURT, homme de qualité.
DE LA GRANGE, marquis ridicule.
DU CROISY, poëte.
LA THORILLIERE, marquis fâcheux.
BEJART, homme qui fait le necessaire.
Mademoiselle DU PARC, marquise façonnier
Mademoiselle BEJART, prude.
Mademoiselle DE BRIE, sage coquette.
Mademoiselle MOLIERE, satyrique spirituelle.
Mademoiselle DU CROISY, peste doucereuse.
Mademoiselle HERVÉ, servante pretieuse.

La scene est à Versailles, dans la salle de la Comedie.

L'IMPROMPTU

DE VERSAILLES

SCENE PREMIERE.

MOLIERE, BRECOURT, LA GRANGE, DU CROISY, Mlle DU PARC, Mlle BEJART, Mlle DE BRIE, Mlle MOLIERE, Mlle DU CROISY, Mlle HERVÉ.

MOLIERE.

ALLONS donc, Messieurs et Mesdames, vous moquez-vous avec vostre longueur, et ne voulez-vous pas tous venir icy ? La peste soit des gens ! Hola ! ho ! Monsieur de Brecourt !

BRECOURT.

Quoy ?

MOLIERE.

Monsieur de La Grange !

LA GRANGE.

Qu'est-ce ?

MOLIERE.

Monsieur du Croisy !

DU CROISY.

Plaist-il ?

MOLIERE.

Mademoiselle du Parc !

MADEMOISELLE DU PARC.

Hé bien ?

MOLIERE.

Mademoiselle Bejart !

MADEMOISELLE BEJART.

Qu'y a-t'il ?

MOLIERE

Mademoiselle de Brie !

MADEMOISELLE DE BRIE.

Que veut-on ?

MOLIERE.

Mademoiselle du Croisy !

MADEMOISELLE DU CROISY.

Qu'est-ce que c'est ?

MOLIERE.

Mademoiselle Hervé !

MADEMOISELLE HERVÉ.

On y va.

MOLIERE.

Je croy que je deviendray fou avec tous ces gens-cy. [*Entrent Brecourt, La Grange, Du Croisy.*] Eh ! testebleu ! Messieurs, me voulez-vous faire enrager aujourd'huy ?

BRECOURT.

Que voulez-vous qu'on fasse ? Nous ne sçavons

pas nos rôles, et c'est nous faire enrager vous mesme que de nous obliger à jouër de la sorte.

MOLIERE.

Ah ! les étranges animaux à conduire que des comediens !

MADEMOISELLE BEJART.

Et bien, nous voilà, que pretendez-vous faire ?

MADEMOISELLE DU PARC.

Quelle est vostre pensée?

MADEMOISELLE DE BRIE.

Dequoy est-il question ?

MOLIERE.

De grace, mettons-nous icy, et, puisque nous voilà tous habillez et que le Roy ne doit venir de deux heures, employons ce temps à repeter nostre affaire et voir la maniere dont il faut jouër les choses.

LA GRANGE.

Le moyen de jouër ce qu'on ne sçait pas ?

MADEMOISELLE DU PARC.

Pour moy, je vous déclare que je ne me souviens pas d'un mot de mon personnage.

MADEMOISELLE DE BRIE.

Je sçay bien qu'il me faudra soufler le mien d'un bout à l'autre.

MADEMOISELLE BEJART.

Et moy, je me prepare fort à tenir mon rôle à la main.

MADEMOISELLE MOLIERE.

Et moy aussi.

MADEMOISELLE HERVÉ.

Pour moy, je n'ay pas grand'chose à dire.

MADEMOISELLE DU CROISY.

Ny moy non plus; mais avec cela je ne repondrois pas de ne point manquer.

DU CROISY.

J'en voudrois estre quitte pour dix pistoles.

BRECOURT.

Et moy, pour vingt bons coups de fouët, je vous assure.

MOLIERE.

Vous voilà tous bien malades d'avoir un méchant rôle à jouër! Et que feriez-vous donc si vous estiez en ma place?

MADEMOISELLE BEJART.

Qui, vous? Vous n'estes pas à plaindre, car, ayant fait la piece, vous n'avez pas peur d'y manquer.

MOLIERE.

Et n'ay-je à craindre que le manquement de memoire? Ne contez-vous point rien l'inquietude d'un succés qui ne regarde que moy seul? et pensez-vous que ce soit une petite affaire que d'exposer quelque chose de comique devant une assemblée comme celle-cy? que d'entreprendre de faire rire des personnes qui nous impriment le respect, et ne rient que quand ils veulent? Est-il autheur qui ne doive trembler lors qu'il en vient à cette épreuve? et n'est-ce pas à moy de dire que je voudrois en estre quitte pour toutes les choses du monde?

MADEMOISELLE BEJART.

Si cela vous faisoit trembler, vous prendriez mieux vos precautions, et n'auriez pas entrepris en huit jours ce que vous avez fait.

MOLIERE.

Le moyen de m'en défendre quand un Roy me l'a commandé?

MADEMOISELLE BEJART.

Le moyen? Une respectueuse excuse fondée sur l'impossibilité de la chose dans le peu de temps qu'on vous donne; et tout autre, en vostre place, ménageroit mieux sa reputation et se seroit bien gardé de se commettre comme vous faites. Où en serez-vous, je vous prie, si l'affaire reüssit mal? et quel avantage pensez-vous qu'en prendront tous vos ennemis?

MADEMOISELLE DE BRIE.

En effet, il faloit s'excuser avec respect envers le Roy, ou demander du temps davantage.

MOLIERE.

Mon Dieu, Mademoiselle, les rois n'aiment rien tant qu'une prompte obeïssance, et ne se plaisent point du tout à trouver des obstacles. Les choses ne sont bonnes que dans le temps qu'ils les soûhaitent; et leur en vouloir reculer le divertissement est en oster pour eux toute la grace. Ils veulent des plaisirs qui ne se fassent point attendre, et les moins preparez leur sont toûjours les plus agreables: nous ne devons jamais nous regarder dans ce qu'ils desirent de nous, nous ne sommes que pour leur plaire; et, lors qu'ils nous ordonnent quelque chose, c'est à nous à profiter viste de l'envie où ils sont. Il vaut mieux s'acquitter mal de ce qu'ils nous demandent que de ne s'en acquitter pas assez-tost; et, si l'on a la honte de n'avoir pas bien reüssi, on a toûjours la gloire d'avoir obeï viste à leurs commandemens. Mais songeons à repeter, s'il vous plaist.

MADEMOISELLE BEJART.

Comment pretendez-vous que nous fassions, si nous ne sçavons pas nos rôles?

MOLIERE.

Vous les sçaurez, vous dy-je ; et, quand mesme vous ne les sçauriez pas tout-à-fait, pouvez-vous pas y supléer de vostre esprit, puisque c'est de la prose, et que vous sçavez vostre sujet.

MADEMOISELLE BEJART.

Je suis vostre servante, la prose est pis encor que les vers.

MADEMOISELLE MOLIERE.

Voulez-vous que je vous dise ? Vous deviez faire une comedie où vous auriez joué tout seul.

MOLIERE.

Taisez-vous, ma femme, vous estes une beste.

MADEMOISELLE MOLIERE.

Grand mercy, Monsieur mon mary. Voilà ce que c'est : le mariage change bien les gens, et vous ne m'auriez pas dit cela il y a dix-huit mois.

MOLIERE.

Taisez-vous, je vous prie.

MADEMOISELLE MOLIERE.

C'est une chose étrange qu'une petite ceremonie soit capable de nous oster toutes nos belles qualitez, et qu'un mary et un galand regardent la mesme personne avec des yeux si differens.

MOLIERE.

Que de discours !

MADEMOISELLE MOLIERE.

Ma foy, si je faisois une comedie, je la ferois sur ce sujet : je justifierois les femmes de bien des choses dont on les accuse, et je ferois craindre aux maris la difference qu'il y a de leurs manieres brusques aux civilitez des galans.

MOLIERE.

Ahy ! laissons cela : il n'est pas question de causer maintenant, nous avons autre chose à faire.

MADEMOISELLE BEJART.

Mais, puisqu'on vous a commandé de travailler sur le sujet de la Critique qu'on a faite contre vous, que n'avez-vous fait cette Comedie des Comediens dont vous nous avez parlé il y a long-temps ? C'estoit une affaire toute trouvée, et qui venoit fort bien à la chose, et d'autant mieux qu'ayant entrepris de vous peindre, ils vous ouvroient l'occasion de les peindre aussi, et que cela auroit pû s'appeller leur portrait à bien plus juste titre que tout ce qu'ils ont fait ne peut estre appellé le vostre : car vouloir contrefaire un comedien dans un rôle comique, ce n'est pas le peindre luy-mesme, c'est peindre d'après luy les personnages qu'il represente, et se servir des mesmes traits et des mesmes couleurs qu'il est obligé d'employer aux differens tableaux des caracteres ridicules qu'il imite d'après nature. Mais contrefaire un comedien dans des rôles serieux, c'est le peindre par des défauts qui sont entierement de luy, puisque ces sortes de personnages ne veulent ny les gestes ny les tons de voix ridicules dans lesquels on le reconnoist.

MOLIERE.

Il est vray, mais j'ay mes raisons pour ne le pas faire, et je n'ay pas crû, entre nous, que la chose en valust la peine, et puis il faloit plus de temps pour executer cette idée. Comme leurs jours de comedie sont les mesmes que les nostres, à peine ay-je esté les voir que trois ou quatre fois depuis que nous sommes à Paris; je n'ay attrappé de leur maniere de reciter que ce qui m'a d'abord sauté aux yeux, et j'aurois eu besoin de les étudier davantage pour faire des portraits bien ressemblans.

MADEMOISELLE DU PARC.

Pour moy, j'en ay reconnu quelques-uns dans vostre bouche.

MADEMOISELLE DE BRIE.

Je n'ay jamais oüy parler de cela.

MOLIERE.

C'est une idée qui m'avoit passé une fois par la teste, et que j'ay laissée là comme une bagatelle, une badinerie qui peut-estre n'auroit point fait rire.

MADEMOISELLE DE BRIE.

Dites-la-moy un peu, puisque vous l'avez dite aux autres.

MOLIERE.

Nous n'avons pas le temps maintenant.

MADEMOISELLE DE BRIE.

Seulement deux mots.

MOLIERE.

J'avois songé une comedie où il y auroit eu un poëte, que j'aurois representé moy-mesme, qui seroit venu pour offrir une piece à une troupppe de comediens nouvellement arrivez de la campagne. « Avez-vous, auroit-il dit, des acteurs et des actrices qui soyent capables de bien faire valoir un ouvrage? Car ma piece est une piece... — Eh! Monsieur, auroient répondu les comediens, nous avons des hommes et des femmes qui ont esté trouvés raisonnables par tout où nous avons passé. — Et qui fait les roys parmy vous? — Voilà un acteur qui s'en demesle par fois. — Qui! ce jeune homme bien fait? vous mocquez-vous? Il faut un roy qui soit gros et gras comme quatre, un roy, morbleu! qui soit entripaillé comme il faut, un roy d'une vaste circonference, et qui puisse remplir un throsne de la belle maniere! La belle chose qu'un roy d'une taille galante! Voilà déja un grand defaut. Mais que je l'entende un peu reciter une douzaine de vers. » Là-dessus le comedien auroit recité, par exemple, quelques vers du roy de *Nicomede* :

> Te le diray-je, Araspe? il m'a trop bien servy,
> Augmentant mon pouvoir...

le plus naturellement qui luy auroit esté possible. Et le poëte : « Comment! vous appellez cela reciter? c'est se railler; il faut dire les choses avec emphase. Ecoutez-moy :

(*Imitant Monfleury, excellent acteur de l'Hostel de Bourgogne.*)

> Te le diray-je, Araspe?... etc.

Voyez-vous cette posture? Remarquez bien cela. Là, appuyez comme il faut le dernier vers. Voilà ce qui attire l'approbation et fait faire le brouhaha.— Mais, Monsieur, auroit répondu le comedien, il me semble qu'un roy qui s'entretient tout seul avec son capitaine des gardes parle un peu plus humainement et ne prend gueres ce ton de demoniaque. — Vous ne sçavez ce que c'est. Allez-vous-en reciter comme vous faites, vous verrez si vous ferez faire aucun ah ! Voyons un peu une scene d'amant et d'amante. » Là-dessus une comedienne et un comedien auroient fait une scene ensemble, qui est celle de Camille et de Curiace :

Iras-tu, ma chere ame ? et ce funeste honneur
Te plaist-il aux dépens de tout nostre bon-heur?
Helas ! je voy trop bien..., etc.

tout de mesme que l'autre, et le plus naturellement qu'ils auroient pû. Et le poëte aussi-tost : « Vous vous mocquez ? Vous ne faites rien qui vaille ; et voicy comme il faut reciter cela :

(*Imitant mademoiselle Beauchasteau, comedienne de l'Hostel de Bourgogne.*)

Iras-tu, ma chere ame..., etc.
Non, je te connois mieux, etc.

Voyez-vous comme cela est naturel et passionné ? Admirez ce visage riant qu'elle conserve dans les plus grandes afflictions. » Enfin voilà l'idée, et il auroit parcouru de mesme tous les acteurs et toutes les actrices.

MADEMOISELLE DE BRIE.

Je trouve cette idée assez plaisante, et j'en ay

reconnû là dés le premier vers. Continuez, je vous prie.

MOLIERE.

(*Imitant Beauchasteau, aussi comedien, dans les stances du* CID.)

Percé jusques au fond du cœur..., etc.

Et celuy-cy, le reconnoistrez-vous bien dans Pompée de *Sertorius* ?

(*Imitant Hauteroche, aussi comedien.*)

L'inimitié qui regne entre les deux partis
N'y rend pas de l'honneur..., etc.

MADEMOISELLE DE BRIE.

Je le reconnois un peu, je pense.

MOLIERE.

Et celuy-cy ?

(*Imitant de Villiers, aussi comedien.*)

Seigneur, Polybe est mort.... etc.

MADEMOISELLE DE BRIE.

Oüy, je sçay qui c'est ; mais il y en a quelques-uns d'entre eux, je croy, que vous auriez peine à contrefaire.

MOLIERE.

Mon Dieu, il n'y en a point qu'on ne pust attrapper par quelque endroit, si je les avois bien étudiez ; mais vous me faites perdre un temps qui nous est cher. Songeons à nous, de grace, et ne nous amusons point davantage à discourir.

(*Parlant à de La Grange.*)

Vous, prenez garde à bien representer avec moy vostre rôle de marquis.

MADEMOISELLE MOLIERE.

Toûjours des marquis !

MOLIERE.

Oüy, toûjours des marquis : que diable voulez-vous qu'on prenne pour un caractere agreable de theatre ? Le marquis aujourd'huy est le plaisant de la comedie. Et, comme dans toutes les comedies anciennes on voit toûjours un valet boufon qui fait rire les auditeurs, de mesme dans toutes nos pieces de maintenant il faut toûjours un marquis ridicule qui divertisse la compagnie.

MADEMOISELLE BEJART.

Il est vray, on ne s'en sçauroit passer.

MOLIERE.

Pour vous, Mademoiselle...

MADEMOISELLE DU PARC.

Mon Dieu, pour moy, je m'acquitteray fort mal de mon personnage, et je ne sçay pas pourquoy vous m'avez donné ce rôle de façonniere.

MOLIERE.

Mon Dieu, Mademoiselle, voilà comme vous disiez lors que l'on vous donna celuy de la *Critique de l'Escole des Femmes*; cependant vous vous en estes acquittée à merveille, et tout le monde est demeuré d'accord qu'on ne peut pas mieux faire que vous avez fait ; croyez-moy, celuy-cy sera de mesme, et vous le joüerez mieux que vous ne pensez.

MADEMOISELLE DU PARC.

Comment cela se pourroit-il faire, car il n'y a point de personne au monde qui soit moins façonniere que moy?

MOLIERE.

Cela est vray, et c'est en quoy vous faites mieux voir que vous estes excellente comedienne, de bien representer un personnage qui est si contraire à vostre humeur. Tâchez donc de bien prendre tous le caractere de vos rôles, et de vous figurer que vous estes ce que vous representez.

(*A du Croisy.*)

Vous faites le poëte, vous, et vous devez vous remplir de ce personnage, marquer cet air pedant qui se conserve parmy le commerce du beau monde, ce ton de voix sententieux, et cette exactitude de prononciation qui appuye sur toutes les syllabes, et ne laisse échapper aucune lettre de la plus severe ortographe.

(*A Brecourt.*)

Pour vous, vous faites un honneste homme de Cour, comme vous avez déja fait dans la *Critique de l'Escole des Femmes*, c'est à dire que vous devez prendre un air posé, un ton de voix naturel, et gesticuler le moins qu'il vous sera possible.

(*A de La Grange.*)

Pour vous, je n'ay rien à vous dire.

(*A mademoiselle Bejart.*)

Vous, vous representez une de ces femmes qui, pourveu qu'elles ne fassent point l'amour, croyent que tout le reste leur est permis, de ces femmes qui se retranchent toûjours fierement sur leur pruderie, regardent un chacun de haut en bas, et veulent que toutes les plus belles qualitez que possedent les autres ne soyent rien en comparaison d'un miserable honneur dont personne ne se soucie : ayez toûjours ce caractere devant les yeux pour en bien faire les grimaces.

(*A mademoïselle de Brie.*)

Pour vous, vous faites une de ces femmes qui pensent estre les plus vertueuses personnes du monde, pourveu qu'elles sauvent les apparences, de ces femmes qui croyent que le peché n'est que dans le scandale, qui veulent conduire doucement les affaires qu'elles ont sur le pied d'attachement honneste, et appellent amis ce que les autres nomment galans : entrez bien dans ce caractere.

(*A mademoiselle Moliere.*)

Vous, vous faites le mesme personnage que dans la *Critique*, et je n'ay rien à vous dire, non plus qu'à mademoiselle du Parc.

(*A mademoiselle du Croisy.*)

Pour vous, vous representez une de ces personnes qui prestent doucement des charitez à tout le monde, de ces femmes qui donnent toûjours le petit coup de langue en passant, et seroient bien fâchées d'avoir souffert qu'on eust dit du bien du prochain : je croy que vous ne vous acquiterez pas mal de ce rôle.

(*A mademoiselle Hervé.*)

Et pour vous, vous estes la soubrette de la precieuse, qui se mesle de temps en temps dans la conversation, et attrappe comme elle peut tous les termes de sa maistresse : je vous dis tous vos caracteres, afin que vous vous les imprimiez fortement dans l'esprit. Commençons maintenant à repeter, et voyons comme cela ira. Ah! voicy justement un fâcheux : il ne nous falloit plus que cela.

SCENE II.

LA THORILLIERE, MOLIERE, Etc.

La Thorilliere.

Bon jour, Monsieur Moliere.

Moliere.

Monsieur, vostre serviteur. [*A part.*] La peste soit de l'homme!

La Thorilliere.

Comment vous en va?

Moliere.

Fort bien pour vous servir. Mesdemoiselles, ne...

La Thorilliere.

Je viens d'un lieu où j'ay bien dit du bien de vous.

Moliere.

Je vous suis obligé. [*A part*] Que le diable t'emporte! [*Haut.*] Ayez un peu soin...

La Thorilliere.

Vous joüez une piece nouvelle aujourd'huy?

Moliere.

Oüy, Monsieur. [*Aux actrices.*] N'oubliez pas...

La Thorilliere.

C'est le Roy qui vous la fait faire?

MOLIERE.

Oüy, Monsieur. [*Aux acteurs.*] De grace, songez...

LA THORILLIERE.

Comment l'appellez-vous?

MOLIERE.

Oüy, Monsieur.

LA THORILLIERE.

Je vous demande comment vous la nommez.

MOLIERE.

Ah! ma foy, je ne sçay. [*Aux actrices.*] Il faut, s'il vous plaist, que vous...

LA THORILLIERE.

Comment serez-vous habillez?

MOLIERE.

Comme vous voyez. [*Aux acteurs.*] Je vous prie...

LA THORILLIERE.

Quand commencerez-vous?

MOLIERE.

Quand le Roy sera venu. [*A part.*] Au diantre le questionneur!

LA THORILLIERE.

Quand croyez-vous qu'il vienne?

MOLIERE.

La peste m'étoufe, Monsieur, si je le sçay.

LA THORILLIERE.

Sçavez-vous point...

MOLIERE.

Tenez, Monsieur, je suis le plus ignorant homme du monde, je ne sçay rien de tout ce que vous pourrez me demander, je vous jure. (*A part.*) J'enrage; ce bourreau vient avec un air tranquille vous faire des questions, et ne se soucie pas qu'on ait en teste d'autres affaires.

LA THORILLIERE.

Mesdemoiselles, vostre serviteur.

MOLIERE.

Ah! bon, le voilà d'un autre costé.

LA THORILLIERE, *à mademoiselle du Croisy.*

Vous voilà belle comme un petit ange.

(*En regardant mademoiselle Hervé.*)

Joüez-vous toutes deux aujourd'huy?

MADEMOISELLE DU CROISY.

Oüy, Monsieur.

LA THORILLIERE.

Sans vous la comedie ne vaudroit pas grand chose.

MOLIERE.

Vous ne voulez pas faire en aller cet homme-là?

MADEMOISELLE DE BRIE.

Monsieur, nous avons icy quelque chose à repeter ensemble.

LA THORILLIERE.

Ah! parbleu, je ne veux pas vous empescher, vous n'avez qu'à poursuivre.

MADEMOISELLE DE BRIE.

Mais...

LA THORILLIERE.

Non, non, je serois fâché d'incommoder personne, faites librement ce que vous avez à faire.

MADEMOISELLE DE BRIE.

Oüy, mais...

LA THORILLIERE.

Je suis homme sans ceremonie, vous dy-je, et vous pouvez repeter ce qui vous plaira.

MOLIERE.

Monsieur, ces demoiselles ont peine à vous dire qu'elles souhaiteroient fort que personne ne fust icy pendant cette repetition.

LA THORILLIERE.

Pourquoy? il n'y a point de danger pour moy?

MOLIERE.

Monsieur, c'est une coûtume qu'elles observent, et vous aurez plus de plaisir quand les choses vous surprendront.

LA THORILLIERE.

Je m'en vais donc dire que vous estes prests.

MOLIERE.

Point du tout, Monsieur; ne vous hastez pas, de grace.

SCENE III.

MOLIERE, LA GRANGE, ETC.

MOLIERE.

Ah! que le monde est plein d'impertinens! Or sus, commençons. Figurez-vous donc premierement que la scene est dans l'antichambre du Roy, car c'est un lieu où il se passe tous les jours des choses assez plaisantes. Il est aisé de faire venir là toutes les personnes qu'on veut, et on peut trouver des raisons mesme pour y authoriser la venüe des femmes que j'introduis. La comedie s'ouvre par deux marquis qui se rencontrent. Souvenez-vous bien, vous, de venir comme je vous ay dit, là, avec cet air qu'on nomme le bel air, peignant vostre perruque et grondant une petite chanson entre vos dents. « La, la, la, la, la, la! » Rangez-vous donc, vous autres, car il faut du terrein à deux marquis, et ils ne sont pas gens à tenir leur personne dans un petit espace. Allons, parlez.

La Grange.

« Bon jour, Marquis. »

Moliere.

Mon Dieu, ce n'est point là le ton d'un marquis : il faut le prendre un peu plus haut, et la pluspart de ces messieurs affectent une maniere de parler particuliere pour se distinguer du commun. « Bon jour, Marquis. » Recommencez donc.

La Grange.

« Bon jour, Marquis.

Moliere.

« Ah! Marquis, ton serviteur.

La Grange.

« Que fais-tu là?

Moliere.

« Parbleu! tu vois, j'attends que tous ces messieurs ayent debouché la porte pour presenter là mon visage.

La Grange.

« Testebleu! quelle foule! Je n'ay garde de m'y aller froter, et j'ayme bien mieux entrer des derniers.

MOLIERE.

« Il y a là vingt gens qui sont fort assurez de n'entrer point, et qui ne laissent pas de se presser et d'occuper toutes les avenuës de la porte.

LA GRANGE.

« Crions nos deux noms à l'huissier, afin qu'il nous appelle.

MOLIERE.

« Cela est bon pour toy, mais, pour moy, je ne veux pas estre joüé par Moliere.

LA GRANGE.

« Je pense pourtant, Marquis, que c'est toy qu'il jouë dans la *Critique*.

MOLIERE.

« Moy! je suis ton valet; c'est toy-mesme en propre personne.

LA GRANGE.

« Ah! ma foy, tu es bon de m'appliquer ton personnage.

MOLIERE.

« Parbleu! je te trouve plaisant de me donner ce qui t'appartient.

LA GRANGE.

« Ha! ha! ha! cela est drôle.

MOLIERE.

« Ha! ha! ha! cela est boufon.

LA GRANGE.

« Quoy! tu veux soûtenir que ce n'est pas toy qu'on jouë dans le marquis de la *Critique*?

MOLIERE.

« Il est vray, c'est moy. Detestable, morbleu!

detestable, *tarte à la cresme!* C'est moy, c'est moy, assurément, c'est moy.

LA GRANGE.

« Oüy, parbleu! c'est toy, tu n'as que faire de railler; et, si tu veux, nous gagerons, et verrons qui a raison des deux.

MOLIERE.

« Et que veux-tu gager encore?

LA GRANGE.

« Je gage cent pistoles que c'est toy.

MOLIERE.

« Et moy, cent pistoles que c'est toy.

LA GRANGE.

« Cent pistoles comptant?

MOLIERE.

« Comptant. Quatre vingt dix pistoles sur Amyntas, et dix pistoles comptant.

LA GRANGE.

« Je le veux.

MOLIERE.

« Cela est fait.

LA GRANGE.

« Ton argent court grand risque.

MOLIERE.

« Le tien est bien avanturé.

LA GRANGE.

« A qui nous en rapporter?

MOLIERE.

« Voicy un homme qui nous jugera. Chevalier...

SCENE IV.

MOLIERE, BRECOURT, LA GRANGE, Etc.

BRECOURT.

« Quoy? »

MOLIERE.

Bon! voilà l'autre qui prend le ton de marquis. Vous ay-je pas dit que vous faites un rôle où l'on doit parler naturellement?

BRECOURT.

Il est vray.

MOLIERE.

Allons donc. « Chevalier...

BRECOURT.

« Quoy?

MOLIERE.

« Juge-nous un peu sur une gageure que nous avons faite.

BRECOURT.

« Et quelle?

MOLIERE.

« Nous disputons qui est le marquis de la *Critique* de Moliere : il gage que c'est moy, et moy je gage que c'est luy.

BRECOURT.

« Et moy je juge que ce n'est ny l'un ny l'autre : vous estes fous tous deux de vouloir vous appliquer ces sortes de choses, et voilà dequoy j'oüys l'autre jour se plaindre Moliere, parlant à des personnes qui le chargeoient de mesme chose que vous. Il disoit que rien ne luy donnoit du déplaisir comme d'estre accusé de regarder quelqu'un dans les portraits qu'il fait; que son dessein est de peindre les mœurs sans vouloir toucher aux personnes, et que tous les personnages qu'il represente sont des personnages en l'air, et des phantosmes proprement qu'il habille à sa fantaisie pour rejoüir les spectateurs; qu'il seroit bien fasché d'y avoir jamais marqué qui que ce soit, et que, si quelque chose estoit capable de le dégoûter de faire des comedies, c'estoit les ressemblances qu'on y vouloit toûjours trouver, et dont ses ennemis tâchoient malicieusement d'appuyer la pensée pour luy rendre de mauvais offices auprés de certaines personnes à qui il n'a jamais pensé. Et, en effet, je trouve qu'il a raison, car pourquoy vouloir, je vous prie, appliquer tous ses gestes et toutes ses paroles, et chercher à luy faire des affaires en disant hautement : « Il joue un tel », lorsque ce sont des choses qui peuvent convenir à cent personnes? Comme l'affaire de la comedie est de representer en general tous les defauts des hommes, et principalement des hommes de nostre siecle, il est impossible à Moliere de faire aucun caractere qui ne rencontre quelqu'un dans le monde; et, s'il faut qu'on l'accuse d'avoir songé toutes les personnes où l'on peut trouver les défauts qu'il peint, il faut sans doute qu'il ne fasse plus de comedies.

MOLIERE.

« Ma foy, Chevalier, tu veux justifier Moliere, et épargner nostre amy que voilà.

LA GRANGE.

« Point du tout, c'est toy qu'il épargne, et nous trouverons d'autres juges.

MOLIERE.

« Soit; mais dy-moy, Chevalier, crois-tu pas que ton Moliere est épuisé maintenant, et qu'il ne trouvera plus de matiere pour...

BRECOURT.

« Plus de matiere? Eh! mon pauvre marquis, nous luy en fournirons toûjours assez, et nous ne prenons gueres le chemin de nous rendre sages pour tout ce qu'il fait et tout ce qu'il dit. »

MOLIERE.

Attendez, il faut marquer davantage tout cet endroit; écoûtez-le moy dire un peu : « Et qu'il ne trouvera plus de matiere pour... — Plus de matiere! Eh! mon pauvre marquis, nous lui en fournirons toujoûrs assez, et nous ne prenons gueres le chemin de nous rendre sages pour tout ce qu'il fait et tout ce qu'il dit. Crois-tu qu'il ait épuisé dans ses comedies tout le ridicule des hommes; et, sans sortir de la Cour, n'a-t-il pas encore vingt caracteres de gens où il n'a point touché ? N'a-t-il pas, par exemple, ceux qui se font les plus grandes amitiez du monde, et qui, le dos tourné, font galanterie de se déchirer l'un l'autre? N'a-t-il pas ces adulateurs à outrance, ces flatteurs insipides qui n'assaisonnent d'aucun sel les loüanges qu'ils donnent, et dont toutes les flatteries ont une douceur fade qui fait mal au cœur à ceux qui les écoutent? N'a-t-il pas ces lâches courtisans de la faveur, ces perfides adorateurs de la fortune, qui vous encensent dans la prosperité et vous accablent dans la disgrace? N'a-t-il pas ceux qui sont toûjours mécontens de la Cour, ces suivans inutiles, ces incommodes assidus, ces gens, dy-je, qui pour services ne peuvent conter que des importunitez, et qui veulent que l'on les recompense d'avoir obsedé le Prince dix ans durant? N'a-t-il pas ceux qui caressent également tout le monde, qui promenent leurs civilitez à droit et à gauche, et courent à tous ceux qu'ils voyent avec les mesmes embrassades et les mesmes protestations d'amitié? « Monsieur, vostre tres-humble serviteur. Mon-« sieur, je suis tout à vostre service. Tenez-moy « des vostres, mon cher. Faites estat de moy, Mon-« sieur, comme du plus chaud de vos amis. Mon-« sieur, je suis ravy de vous embrasser. Ah! Mon-« sieur, je ne vous voyois pas. Faites-moy la grace « de m'employer. Soyez persuadé que je suis en-« tierement à vous. Vous estes l'homme du monde « que je revere le plus. Il n'y a personne que j'ho-« nore à l'égal de vous. Je vous conjure de le « croire. Je vous supplie de n'en point douter. « Serviteur, tres-humble valet. » Va, va, Marquis, Moliere aura toûjours plus de sujets qu'il n'en voudra, et tout ce qu'il a touché jusqu'icy n'est rien que bagatelle, au prix de ce qui reste. » Voilà à peu prés comme cela doit estre joüé.

BRECOURT.

« C'est assez. »

MOLIERE.

Poursuivez.

BRECOURT.

« Voicy Climene et Elise. »

MOLIERE.

[*A mademoiselle du Parc et à mademoiselle Moliere.*]

Là-dessus, vous arriverez toutes deux.

(*A mademoiselle du Parc.*)

Prenez bien garde, vous, à vous déhancher comme il faut et à faire bien des façons. Cela vous contraindra un peu; mais qu'y faire? il faut parfois se faire violence.

MADEMOISELLE MOLIERE.

« Certes, Madame, je vous ay reconnuë de loin, et j'ay bien veu à vostre air que ce ne pouvoit estre une autre que vous.

MADEMOISELLE DU PARC.

« Vous voyez, je viens attendre icy la sortie d'un homme avec qui j'ay une affaire à démesler.

MADEMOISELLE MOLIERE.

« Et moy de mesme. »

MOLIERE.

Mesdames, voilà des cofres qui vous serviront de fauteüils.

MADEMOISELLE DU PARC.

« Allons, Madame, prenez place, s'il vous plaist.

MADEMOISELLE MOLIERE.

« Aprés vous, Madame. »

MOLIERE.

Bon. Aprés ces petites ceremonies muettes, chacun prendra place et parlera assis, hors les marquis, qui tantost se leveront, et tantost s'assoyront, suivant leur inquietude naturelle. « Parbleu! Chevalier, tu devrois faire prendre medecine à tes canons.

BRECOURT.

« Comment?

MOLIERE.

« Ils se portent fort mal.

BRECOURT.

« Serviteur à la turlupinade.

MADEMOISELLE MOLIERE.

« Mon Dieu, Madame, que je vous trouve le teint d'une blancheur éblouïssante, et les levres d'une couleur de feu surprenant!

MADEMOISELLE DU PARC.

« Ah! que dites-vous là, Madame? Ne me regardez point, je suis du dernier laid aujourd'huy.

MADEMOISELLE MOLIERE.

« Eh! Madame, levez un peu vostre coëffe.

MADEMOISELLE DU PARC.

« Fy! Je suis épouvantable, vous dy-je, et je me fais peur à moy-même.

MADEMOISELLE MOLIERE.

« Vous estes si belle!

MADEMOISELLE DU PARC.

« Point, point.

MADEMOISELLE MOLIERE.

« Montrez-vous.

MADEMOISELLE DU PARC.

« Ah! fy donc, je vous prie.

MADEMOISELLE MOLIERE.

« De grace...

MADEMOISELLE DU PARC.

« Mon Dieu, non.

MADEMOISELLE MOLIÈRE.

« Si fait.

MADEMOISELLE DU PARC.

« Vous me desesperez.

MADEMOISELLE MOLIERE.

« Un moment.

MADEMOISELLE DU PARC.

« Ahy!

MADEMOISELLE MOLIERE.

« Resolument vous vous montrerez; on ne peut point se passer de vous voir.

MADEMOISELLE DU PARC.

« Mon Dieu, que vous estes une étrange personne! vous voulez furieusement ce que vous voulez.

MADEMOISELLE MOLIERE.

« Ah! Madame, vous n'avez aucun desavantage à paroistre au grand jour, je vous jure. Les méchantes gens qui assuroient que vous mettiez quelque chose, vrayment, je les dementiray bien maintenant.

MADEMOISELLE DU PARC.

« Helas! je ne sçay pas seulement ce qu'on appelle mettre quelque chose. Mais où vont ces dames?

SCENE V.

MADEMOISELLE DE BRIE, MADEMOISELLE DU PARC, ETC.

MADEMOISELLE DE BRIE.

« Vous voulez bien, Mesdames, que nous vous donnions en passant la plus agreable nouvelle du monde. Voilà monsieur Lysidas qui vient de nous avertir qu'on a fait une piece contre Moliere, que les grands comediens vont joüer.

MOLIERE.

« Il est vray, on me l'a voulu lire, et c'est un nommé Br... Brou... Brossaut qui l'a faite.

DU CROISY.

« Monsieur, elle est affichéé sous le nom de Boursaut; mais, à vous dire le secret, bien des gens ont mis la main à cet ouvrage, et l'on en doit concevoir une assez haute attente. Comme tous les autheurs et tous les comediens regardent Moliere comme leur plus grand ennemy, nous nous sommes tous unis pour le déservir; chacun de nous a donné un coup de pinceau à son portrait, mais nous nous sommes bien gardez d'y mettre nos noms: il luy auroit esté trop glorieux de succomber, aux yeux du monde, sous les efforts de tout le Parnasse; et, pour rendre sa défaite plus ignominieuse, nous avons voulu choisir tout exprés un autheur sans reputation.

MADEMOISELLE DU PARC.

« Pour moy, je vous avouë que j'en ay toutes les joyes imaginables.

MOLIERE.

« Et moy aussi. Par la sang-bleu ! le railleur sera raillé, il aura sur les doigts, ma foy.

MADEMOISELLE DU PARC.

« Cela luy apprendra à vouloir satyriser tout. Comment ! cet impertinent ne veut pas que les femmes ayent de l'esprit, il condamne toutes nos expressions élevées, et pretend que nous parlions toûjours terre à terre ?

MADEMOISELLE DE BRIE.

« Le langage n'est rien ; mais il censure tous nos attachemens, quelque innocens qu'ils puissent estre, et, de la façon qu'il en parle, c'est estre criminelle que d'avoir du merite.

MADEMOISELLE DU CROISY.

« Cela est insupportable. Il n'y a pas une femme qui puisse plus rien faire. Que ne laisse-t-il en repos nos maris, sans leur ouvrir les yeux, et leur faire prendre garde à des choses dont ils ne s'avisent pas ?

MADEMOISELLE BEJART.

« Passe pour tout cela ; mais il satyrise mesme les femmes de bien, et ce méchant plaisant leur donne le titre d'honnestes diablesses.

MADEMOISELLE MOLIERE.

« C'est un impertinent. Il faut qu'il en ait tout le soû.

DU CROISY.

« La representation de cette comedie, Madame,

aura besoin d'estre appuyée, et les comediens de l'Hostel...

MADEMOISELLE DU PARC.

« Mon Dieu, qu'ils n'apprehendent rien, je leur garantis le succès de leur piece corps pour corps.

MADEMOISELLE MOLIERE.

« Vous avez raison, Madame, trop de gens sont interessez à la trouver belle. Je vous laisse à penser si tous ceux qui se croient satyrisez par Moliere ne prendront pas l'occasion de se vanger de luy en applaudissant à cette comedie.

BRECOURT.

« Sans doute, et pour moy je répons de douze marquis, de six precieuses, de vingt coquettes et de trente cocus, qui ne manqueront pas d'y battre des mains.

MADEMOISELLE MOLIERE.

« En effet. Pourquoy aller offenser toutes ces personnes-là, et particulierement les cocus, qui sont les meilleures gens du monde ?

MOLIERE.

« Par la sang-bleu ! on m'a dit qu'on le va dauber, luy et toutes ses comedies, de la belle maniere, et que les comediens et les autheurs, depuis le cedre jusqu'à l'hyssope, sont diablement animez contre luy.

MADEMOISELLE MOLIERE.

« Cela luy sied fort bien ; pourquoy fait-il de méchantes pieces que tout Paris va voir, et où il peint si bien les gens que chacun s'y connoist ? Que ne fait-il des comedies comme celles de monsieur Lysidas ? Il n'auroit personne contre luy, et tous les autheurs en diroient du bien. Il est vray que de semblables comedies n'ont pas ce grand concours de monde; mais en revanche elles sont toûjours bien écrites, personne n'écrit contre elles, et tous ceux qui les voyent meurent d'envie de les trouver belles.

DU CROISY.

« Il est vray que j'ay l'avantage de ne point faire d'ennemis, et que tous mes ouvrages ont l'approbation des sçavans.

MADEMOISELLE MOLIERE.

« Vous faites bien d'estre content de vous, cela vaut mieux que tous les applaudissemens du public, et que tout l'argent qu'on sçauroit gagner aux pieces de Moliere. Que vous importe qu'il vienne du monde à vos comedies, pourveu qu'elles soyent approuvées par messieurs vos confreres?

LA GRANGE.

« Mais quand jouëra-t'on le *Portrait du Peintre?*

DU CROISY.

« Je ne sçay, mais je me prepare fort à paroistre des premiers sur les rangs, pour crier: « Voilà qui « est beau! »

MOLIERE.

« Et moy de mesme, parbleu!

LA GRANGE.

« Et moy aussi, Dieu me sauve!

MADEMOISELLE DU PARC.

« Pour moy, j'y payeray de ma personne comme il faut, et je répons d'une bravoure d'approbation qui mettra en déroute tous les jugemens ennemis; c'est bien la moindre chose que nous devions faire que d'épauler de nos loüanges le vangeur de nos interests.

MADEMOISELLE MOLIERE.

« C'est fort bien dit.

MADEMOISELLE DE BRIE.

« Et ce qu'il nous faut faire toutes.

MADEMOISELLE BEJART.

« Assurement.

MADEMOISELLE DU CROISY.

« Sans doute.

MADEMOISELLE HERVÉ.

« Point de cartier à ce contrefaiseur de gens.

MOLIERE.

« Ma foy, Chevalier mon amy, il faudra que ton Moliere se cache !

BRECOURT.

« Qui, luy ? Je te promets, Marquis, qu'il fait dessein d'aller sur le theatre rire avec tous les autres du portrait qu'on a fait de luy.

MOLIERE.

« Parbleu ! ce sera donc du bout des dents qu'il y rira.

BRECOURT.

« Va, va, peut-estre qu'il y trouvera plus de sujets de rire que tu ne penses. On m'a montré la piece, et, comme tout ce qu'il y a d'agreable sont effectivement les idées qui ont esté prises de Moliere, la joye que cela pourra donner n'aura pas lieu de luy déplaire sans doute : car, pour l'endroit où on s'efforce de le noircir, je suis le plus trompé du monde si cela est approuvé de personne. Et quant à tous les gens qu'ils ont tâché d'animer contre luy, sur ce qu'il fait, dit-on, des portraits trop ressemblans, outre que cela est de fort mauvaise grace, je ne vois rien de plus ridicule et de plus mal repris, et je n'avois pas crû jusqu'icy que ce fust un sujet de blâme pour un comedien que de peindre trop bien les hommes.

LA GRANGE.

« Les comediens m'ont dit qu'ils l'attendoient sur la réponse, et que...

BRECOURT.

« Sur la réponse ! Ma foy, je le trouverois un grand fou s'il se mettoit en peine de répondre à leurs invectives ; tout le monde sçait assez de quel motif elles peuvent partir, et la meilleure réponse qu'il leur puisse faire, c'est une comedie qui reussisse comme toutes ses autres. Voilà le vray moyen de se vanger d'eux comme il faut, et, de l'humeur dont je les connois, je suis fort assuré qu'une piece nouvelle qui leur enlevera le monde les fâchera bien plus que toutes les satyres qu'on pourroit faire de leurs personnes.

MOLIERE.

« Mais, Chevalier.... »

MADEMOISELLE BEJART.

Souffrez que j'interrompe pour un peu la repetition. Voulez-vous que je vous die? Si j'avois esté en vostre place, j'aurois poussé les choses autrement. Tout le monde attend de vous une réponse vigoureuse, et, après la maniere dont on m'a dit que vous estiez traité dans cette comedie, vous estiez en droit de tout dire contre les comediens, et vous deviez n'en épargner aucun.

MOLIERE.

J'enrage de vous oüir parler de la sorte, et voilà vostre manie, à vous autres femmes. Vous voudriez que je prisse feu d'abord contre eux, et qu'à leur exemple j'allasse éclater promptement en invectives et en injures. Le bel honneur que j'en pourrois tirer, et le grand dépit que je leur ferois! Ne se sont-ils pas preparez de bonne volonté à ces sortes de choses? et, lors qu'ils ont deliberé s'ils jouëroient le *Portrait du Peintre*, sur la crainte d'une riposte, quelques-uns d'entre eux n'ont-ils pas répondu : « Qu'il nous rende toutes les injures qu'il voudra, pourveu que nous gagnions de l'argent » ? N'est-ce pas là la marque d'une ame fort sensible à la honte, et ne me vangerois-je pas bien d'eux en leur donnant ce qu'ils veulent bien recevoir!

MADEMOISELLE DE BRIE.

Ils se sont fort plaint toutefois de trois ou quatre mots que vous avez dit d'eux dans la *Critique* et dans vos *Precieuses*.

MOLIERE.

Il est vray, ces trois ou quatre mots sont fort offençans, et ils ont grande raison de les citer. Allez, allez, ce n'est pas cela. Le plus grand mal que je leur aye fait, c'est que j'ay eu le bon-heur de plaire un peu plus qu'ils n'auroient voulu, et tout leur procedé depuis que nous sommes venus à Paris a trop marqué ce qui les touche; mais laissons-les faire tant qu'ils voudront : toutes leurs entreprises ne doivent point m'inquieter. Ils critiquent mes pieces, tant mieux, et Dieu me garde d'en faire jamais qui leur plaise, ce seroit une mauvaise affaire pour moy.

MADEMOISELLE DE BRIE.

Il n'y a pas grand plaisir pourtant à voir déchirer ses ouvrages.

MOLIERE.

Et qu'est-ce que cela me fait? N'ay-je pas obtenu de ma comedie tout ce que j'en voulois obtenir, puis qu'elle a eu le bon-heur d'agréer aux augustes personnes à qui particulierement je m'éforce de plaire ? N'ay-je pas lieu d'estre satisfait de sa destinée, et toutes leurs censures ne viennent-elles pas trop tard ? Est-ce moy, je vous prie, que cela regarde maintenant ; et, lors qu'on attaque une piece qui a eu du succés, n'est-ce pas attaquer plûtost le jugement de ceux qui l'ont approuvée que l'art de celuy qui l'a faite?

MADEMOISELLE DE BRIE.

Ma foy, j'aurois joüé ce petit monsieur l'autheur qui se mesle d'écrire contre des gens qui ne songent pas à luy.

MOLIERE.

Vous estes folle. Le beau sujet à divertir la Cour que M. Boursaut ! Je voudrois bien sçavoir de quelle façon on pourroit l'ajuster pour le rendre plaisant, et si, quand on le berneroit sur un theatre, il seroit assez heureux pour faire rire le monde ; ce luy seroit trop d'honneur que d'estre joüé devant une auguste assemblée ; il ne demanderoit pas mieux, et il m'attaque de gayeté de cœur pour se faire connoistre, de quelque façon que ce soit. C'est un homme qui n'a rien à perdre, et les comediens ne me l'ont déchaîné que pour m'engager à une sotte guerre, et me détourner par cet artifice des autres ouvrages que j'ay à faire ; et cependant vous estes assez simples pour donner toutes dans ce panneau; mais enfin j'en feray ma déclaration publiquement. Je ne pretends faire aucune réponse à toutes leurs critiques et leurs contre-critiques. Qu'ils disent tous les maux du monde de mes pieces, j'en suis d'accord. Qu'ils s'en saisissent aprés nous, qu'ils les retournent comme un habit pour les mettre sur leur theatre, et tâchent à profiter de quelque agrément qu'on y trouve et d'un peu de bon-heur que j'ay, j'y consens : ils en ont besoin, et je seray bien aise de contribuer à les faire subsister, pourveu qu'ils se contentent de ce que je puis leur accorder avec bienséance. La courtoisie doit avoir des bornes, et il y a des choses qui ne font rire ny les spectateurs ny celuy dont on parle. Je leur abandonne de bon cœur mes ouvrages, ma figure, mes gestes, mes paroles, mon ton de voix et ma façon de reciter, pour en faire et dire tout ce qu'il leur plaira, s'ils en peuvent tirer quelque avantage. Je ne m'oppose point à toutes ces choses, et je seray ravy que cela puisse réjoüir le monde ; mais, en leur abandonnant tout cela, ils me doivent faire la grace de me laisser le reste, et de ne point toucher à des matieres de la nature de celles sur lesquelles on m'a dit qu'ils m'attaquoient dans leurs comedies ; c'est dequoy je priray civilement cet honneste monsieur qui se mesle d'écrire pour eux ; et voilà toute la réponse qu'ils auront de moy.

MADEMOISELLE BEJART.

Mais enfin...

MOLIERE.

Mais enfin vous me feriez devenir fou. Ne parlons point de cela davantage, nous nous amusons à faire des discours, au lieu de repeter nostre comedie. Où en estions-nous? Je ne m'en souviens plus.

MADEMOISELLE DE BRIE.

Vous en estiez à l'endroit...

MOLIERE.

Mon Dieu! j'entends du bruit: c'est le Roy qui arrive assurément, et je vois bien que nous n'aurons pas le temps de passer outre: voilà ce que c'est de s'amuser. Oh bien! faites donc pour le reste du mieux qu'il vous sera possible.

MADEMOISELLE BEJART.

Par ma foy, la frayeur me prend, et je ne sçaurois aller joüer mon rôle si je ne le repete tout entier.

MOLIERE.

Comment! vous ne sçauriez aller joüer vostre rôle?

MADEMOISELLE BEJART.

Non.

MADEMOISELLE DU PARC.

Ny moy le mien.

MADEMOISELLE DE BRIE.

Ny moy non plus.

MADEMOISELLE MOLIERE.

Ny moy.

MADEMOISELLE HERVÉ.

Ny moy.

MADEMOISELLE DU CROISY.

Ny moy.

MOLIERE.

Que pensez-vous donc faire? Vous mocquez-vous toutes de moy?

SCENE VI.

BEJART, MOLIERE, ETC.

BEJART.

Messieurs, je viens vous avertir que le Roy est venu, et qu'il attend que vous commenciez.

MOLIERE.

Ah! Monsieur, vous me voyez dans la plus grande peine du monde, je suis desesperé: à l'heure que je vous parle, voicy des femmes qui s'effrayent, et qui disent qu'il leur faut repeter leurs rôles avant que d'aller commencer; nous demandons, de grace, encore un moment; le Roy a de la bonté, et il sçait bien que la chose a esté precipitée. [*Aux actrices.*] Eh! de grace, tâchez de vous remettre; prenez courage, je vous prie.

MADEMOISELLE DU PARC.

Vous devez vous aller excuser.

MOLIERE.

Comment, m'excuser?

SCENE VII.

MOLIERE, MADEMOISELLE BEJART, ETC.

UN NECESSAIRE.

Messieurs, commencez donc!

MOLIERE.

Tout à l'heure, Monsieur. Je croy que je perdray l'esprit de cette affaire-cy, et...

SCENE VIII.

MOLIERE, MADEMOISELLE BEJART, ETC.

AUTRE NECESSAIRE.

Messieurs, commencez donc!

MOLIERE.

Dans un moment, Monsieur. [*A ses camarades.*] Et quoy donc! voulez-vous que j'aye l'affront...

SCENE IX.

MOLIERE, MADEMOISELLE BEJART, ETC.

AUTRE NECESSAIRE.

Messieurs, commencez donc!

MOLIERE.

Oüy, Monsieur, nous y allons. Eh! que de gens se font de feste, et viennent dire : « Commencez donc! » à qui le Roy ne l'a pas commandé!

SCENE X.

MOLIERE, MADEMOISELLE BEJART, ETC.

AUTRE NECESSAIRE.

Messieurs, commencez donc!

MOLIERE.

Voilà qui est fait, Monsieur. [*A ses camarades.*] Quoy donc! recevray-je la confusion...

SCENE XI.

BEJART, MOLIERE, ETC.

MOLIERE.

Monsieur, vous venez pour nous dire de commencer, mais...

BEJART.

Non, Messieurs; je viens pour vous dire qu'on a dit au Roy l'embaras où vous vous trouviez, et que, par une bonté toute particuliere, il remet vôtre nouvelle comedie à une autre fois, et se contente pour aujourd'huy de la premiere que vous pourrez donner.

MOLIERE.

Ah! Monsieur, vous me redonnez la vie. Le Roy nous fait la plus grande grace du monde de nous donner du temps pour ce qu'il avoit soûhaité, et nous allons tous le remercier des extrémes bontez qu'il nous fait paroistre.

LE

BOURGEOIS GENTILHOMME

COMÉDIE-BALLET

FAITE À CHAMBORD

Pour le divertissement du Roi

LE

BOURGEOIS GENTILHOMME.

COMEDIE-BALET

FAITE A CHAMBORT

Pour le divertissement du Roy.

ACTEURS.

MONSIEUR JOURDAIN, bourgeois.
MADAME JOURDAIN, sa femme.
LUCILE, fille de monsieur Jourdain.
NICOLE, servante.
CLEONTE, amoureux de Lucile.
COVIELLE, valet de Cleonte.
DORANTE, comte, amant de Dorimene.
DORIMENE, marquise.
MAISTRE DE MUSIQUE.
ELEVE DU MAISTRE DE MUSIQUE.
MAISTRE A DANCER.
MAISTRE D'ARMES.
MAISTRE DE PHILOSOPHIE.
MAISTRE TAILLEUR.
GARÇON TAILLEUR.
DEUX LAQUAIS.
PLUSIEURS MUSICIENS, MUSICIENNES, JOUEURS D'INSTRUMENS, DANCEURS, CUISINIERS, GARÇONS TAILLEURS, et autres personnages des intermedes et du ballet.

La scene est à Paris.

LE

BOURGEOIS GENTILHOMME

L'ouverture se fait par un grand assemblage d'instrumens, et dans le milieu du theatre on voit un éléve du maistre de musique qui compose sur une table un air que le bourgeois a demandé pour une serenade.

ACTE PREMIER.

SCENE PREMIERE.

MAISTRE DE MUSIQUE,
MAISTRE A DANCER,
TROIS MUSICIENS, DEUX VIOLONS,
QUATRE DANCEURS.

MAISTRE DE MUSIQUE, *parlant à ses musiciens.*

VENEZ, entrez dans cette salle, et vous reposez là, en attendant qu'il vienne.

MAISTRE A DANCER, *parlant aux danceurs.*

Et vous aussi, de ce costé.

MAISTRE DE MUSIQUE, *à l'Eléve.*

Est-ce fait?

L'ELEVE.

Oüy.

MAISTRE DE MUSIQUE.

Voyons... Voila qui est bien.

MAISTRE A DANCER.

Est-ce quelque chose de nouveau?

MAISTRE DE MUSIQUE.

Oüy, c'est un air pour une serenade, que je luy ay fait composer icy, en attendant que nostre homme fût éveillé.

MAISTRE A DANCER.

Peut-on voir ce que c'est?

MAISTRE DE MUSIQUE.

Vous l'allez entendre, avec le dialogue, quand il viendra. Il ne tardera guére.

MAISTRE A DANCER.

Nos occupations, à vous et à moy, ne sont pas petites maintenant.

MAISTRE DE MUSIQUE.

Il est vray. Nous avons trouvé icy un homme comme il nous le faut à tous deux. Ce nous est une douce rente que ce monsieur Jourdain, avec les visions de noblesse et de galanterie qu'il est allé se mettre en teste. Et vostre dance et ma musique auroient à souhaiter que tout le monde luy ressemblast.

MAISTRE A DANCER.

Non pas entierement; et je voudrois pour luy qu'il se connust mieux qu'il ne fait aux choses que nous luy donnons.

MAISTRE DE MUSIQUE.

Il est vray qu'il les connoist mal, mais il les paye bien ; et c'est dequoy maintenant nos arts ont plus besoin que de toute autre chose.

MAISTRE A DANCER.

Pour moy, je vous l'avouë, je me repais un peu de gloire. Les aplaudissemens me touchent; et je tiens que, dans tous les beaux arts, c'est un suplice assez fâcheux que de se produire à des sots; que d'essuyer sur des compositions la barbarie d'un stupide. Il y a plaisir, ne m'en parlez point, à travailler pour des personnes qui soient capables de sentir les délicatesses d'un art; qui sçachent faire un doux accueil aux beautez d'un ouvrage, et, par de chatoüillantes aprobations, vous régaler de vostre travail. Oüy, la récompense la plus agreable qu'on puisse recevoir des choses que l'on fait, c'est de les voir connuës; de les voir caressées d'un aplaudissement qui vous honore. Il n'y a rien, à mon avis, qui nous paye mieux que cela de toutes nos fatigues; et ce sont des douceurs exquises que des loüanges éclairées.

MAISTRE DE MUSIQUE.

J'en demeure d'accord, et je les goûte comme vous. Il n'y a rien assurément qui chatoüille davantage que les aplaudissemens que vous dites; mais cet encens ne fait pas vivre. Des loüanges toutes pures ne mettent point un homme à son aise : il y faut mesler du solide; et la meilleure façon de loüer, c'est de loüer avec les mains. C'est un homme, à la verité, dont les lumieres sont petites, qui parle à tort et à travers de toutes

4

choses, et n'aplaudit qu'à contre-sens; mais son argent redresse les jugemens de son esprit. Il a du discernement dans sa bourse. Ses loüanges sont monnoyées; et ce bourgeois ignorant nous vaut mieux, comme vous voyez, que le grand seigneur éclairé qui nous a introduits icy.

MAISTRE A DANCER.

Il y a quelque chose de vray dans ce que vous dites; mais je trouve que vous apuyez un peu trop sur l'argent; et l'interest est quelque chose de si bas qu'il ne faut jamais qu'un honneste homme montre pour luy de l'attachement.

MAISTRE DE MUSIQUE.

Vous recevez fort bien pourtant l'argent que nostre homme vous donne.

MAISTRE A DANCER.

Assurément; mais je n'en fais pas tout mon bonheur, et je voudrois qu'avec son bien il eust encore quelque bon goust des choses.

MAISTRE DE MUSIQUE.

Je le voudrois aussi, et c'est à quoy nous travaillons tous deux autant que nous pouvons. Mais, en tout cas, il nous donne moyen de nous faire connoistre dans le monde; et il payera pour les autres ce que les autres loüeront pour luy.

MAISTRE A DANCER.

Le voila qui vient.

SCENE II.

MONSIEUR JOURDAIN, DEUX LAQUAIS, MAISTRE DE MUSIQUE, MAISTRE A DANCER, VIOLONS, MUSICIENS ET DANCEURS.

MONSIEUR JOURDAIN.

Hé bien, Messieurs? Qu'est-ce? Me ferez-vous voir vostre petite drôlerie?

MAISTRE A DANCER.

Comment? Quelle petite drôlerie?

MONSIEUR JOURDAIN.

Eh! là... comment appellez-vous cela? Vostr prologue, ou dialogue de chansons et de dance.

MAISTRE A DANCER.

Ah! ah!

MAISTRE DE MUSIQUE.

Vous nous y voyez préparez.

MONSIEUR JOURDAIN.

Je vous ay fait un peu attendre, mais c'est que je me fais habiller aujourd'huy comme les gens de qualité; et mon tailleur m'a envoyé des bas de soye que j'ay pensé ne mettre jamais.

MAISTRE DE MUSIQUE.

Nous ne sommes icy que pour attendre vostre loisir.

MONSIEUR JOURDAIN.

Je vous prie tous deux de ne vous point en aller qu'on ne m'ait apporté mon habit, afin que vous me puissiez voir.

MAISTRE A DANCER.

Tout ce qu'il vous plaira.

MONSIEUR JOURDAIN.

Vous me verrez équipé comme il faut, depuis les pieds jusqu'à la teste.

MAISTRE DE MUSIQUE.

Nous n'en doutons point.

MONSIEUR JOURDAIN.

Je me suis fait faire cette indienne-cy.

MAISTRE A DANCER.

Elle est fort belle.

MONSIEUR JOURDAIN.

Mon tailleur m'a dit que les gens de qualité estoient comme cela le matin.

MAISTRE DE MUSIQUE.

Cela vous sied à merveille.

MONSIEUR JOURDAIN.

Laquais, hola! mes deux laquais!

PREMIER LAQUAIS.

Que voulez-vous, Monsieur?

MONSIEUR JOURDAIN.

Rien. C'est pour voir si vous m'entendez bien.
(*Aux deux maistres.*)
Que dites-vous de mes livrées?

MAISTRE A DANCER.

Elles sont magnifiques.

MONSIEUR JOURDAIN.

(*Il entr'ouvre sa robe, et fait voir un haut-de-chausse étroit de velours rouge, et une camisole de velours vert, dont il est vestu.*)

Voicy encore un petit des-habillé pour faire le matin mes exercices.

MAISTRE DE MUSIQUE.

Il est galant.

MONSIEUR JOURDAIN.

Laquais ?

PREMIER LAQUAIS.

Monsieur.

MONSIEUR JOURDAIN.

L'autre laquais?

SECOND LAQUAIS.

Monsieur.

MONSIEUR JOURDAIN.

Tenez ma robe. Me trouvez-vous bien comme cela ?

MAISTRE A DANCER.

Fort bien. On ne peut pas mieux.

MONSIEUR JOURDAIN.

Voyons un peu vostre affaire.

MAISTRE DE MUSIQUE.

Je voudrois bien auparavant vous faire entendre un air qu'il vient de composer pour la serenade que vous m'avez demandée. C'est un de mes écoliers, qui a pour ces sortes de choses un talent admirable.

MONSIEUR JOURDAIN.

Oüy, mais il ne falloit pas faire faire cela par un écolier ; et vous n'estiez pas trop bon vous-mesme pour cette besongne-là.

MAISTRE DE MUSIQUE.

Il ne faut pas, Monsieur, que le nom d'écolier vous abuse. Ces sortes d'écoliers en sçavent autant que les plus grands maistres, et l'air est aussi beau qu'il s'en puisse faire. Ecoutez seulement.

MONSIEUR JOURDAIN.

Donnez-moy ma robe pour mieux entendre... Attendez, je croy que je seray mieux sans robe... Non, redonnez-la-moy, cela ira mieux.

MUSICIEN, *chantant.*

Je languis nuit et jour, et mon mal est extrême,
Depuis qu'à vos rigueurs vos beaux yeux m'ont soûmis :
Si vous traittez ainsi, belle Iris, qui vous aime,
Helas! que pouriez-vous faire à vos ennemis ?

MONSIEUR JOURDAIN.

Cette chanson me semble un peu lugubre, elle endort, et je voudrois que vous la pûssiez un peu ragaillardir par-cy par-là.

MAISTRE DE MUSIQUE.

Il faut, Monsieur, que l'air soit accommodé aux paroles.

MONSIEUR JOURDAIN.

On m'en aprit un tout-à-fait joly, il y a quelque temps. Attendez... La... Comment est-ce qu'il dit ?

MAISTRE A DANCER.

Par ma foy, je ne sçay.

MONSIEUR JOURDAIN.

Il y a du mouton dedans.

MAISTRE A DANCER.

Du mouton ?

MONSIEUR JOURDAIN.

Oüy. Ah!

(*M. Jourdain chante.*)

Je croyois Janneton
Aussi douce que belle ;
Je croyois Janneton
Plus douce qu'un mouton

Helas ! helas !
Elle est cent fois, mille fois plus cruelle
Que n'est le tygre aux bois.

N'est-il pas joly ?

MAISTRE DE MUSIQUE.

Le plus joly du monde.

MAISTRE A DANCER.

Et vous le chantez bien.

MONSIEUR JOURDAIN.

C'est sans avoir apris la musique.

MAISTRE DE MUSIQUE.

Vous devriez l'aprendre, Monsieur, comme vous faites la dance. Ce sont deux arts qui ont une étroite liaison ensemble.

MAISTRE A DANCER.

Et qui ouvrent l'esprit d'un homme aux belles choses.

MONSIEUR JOURDAIN.

Est-ce que les gens de qualité aprennent aussi la musique ?

MAISTRE DE MUSIQUE.

Oüy, Monsieur.

MONSIEUR JOURDAIN.

Je l'aprendray donc. Mais je ne sçay quel temps je pouray prendre : car, outre le maistre d'armes qui me montre, j'ay arresté encore un maistre de philosophie qui doit commencer ce matin.

MAISTRE DE MUSIQUE.

La philosophie est quelque chose ; mais la musique, Monsieur, la musique...

MAISTRE A DANCER.

La musique et la dance.... La musique et la dance, c'est là tout ce qu'il faut.

MAISTRE DE MUSIQUE.

Il n'y a rien qui soit si utile dans un Etat que la musique.

MAISTRE A DANCER.

Il n'y a rien qui soit si necessaire aux hommes que la dance.

MAISTRE DE MUSIQUE.

Sans la musique, un Etat ne peut subsister.

MAISTRE A DANCER.

Sans la dance, un homme ne sçauroit rien faire.

MAISTRE DE MUSIQUE.

Tous les desordres, toutes les guerres qu'on voit dans le monde n'arrivent que pour n'aprendre pas la musique.

MAISTRE A DANCER.

Tous les malheurs des hommes, tous les revers funestes dont les histoires sont remplies, les béveuës des politiques et les manquemens des grands capitaines, tout cela n'est venu que faute de sçavoir dancer.

MONSIEUR JOURDAIN.

Comment cela ?

MAISTRE DE MUSIQUE.

La guerre ne vient-elle pas d'un manque d'union entre les hommes ?

MONSIEUR JOURDAIN.

Cela est vray.

MAISTRE DE MUSIQUE.

Et, si tous les hommes aprenoient la musique, ne

seroit-ce pas le moyen de s'accorder ensemble, et de voir dans le monde la paix universelle ?

MONSIEUR JOURDAIN.

Vous avez raison.

MAISTRE A DANCER.

Lors qu'un homme a commis un manquement dans sa conduite, soit aux affaires de sa famille, ou au gouvernement d'un Etat, ou au commandement d'une armée, ne dit-on pas toûjours: « Un tel a fait un mauvais pas dans une telle affaire ? »

MONSIEUR JOURDAIN.

Oüy, on dit cela.

MAISTRE A DANCER.

Et faire un mauvais pas peut-il proceder d'autre chose que de ne sçavoir pas dancer ?

MONSIEUR JOURDAIN.

Cela est vray, et vous avez raison tous deux.

MAISTRE A DANCER.

C'est pour vous faire voir l'excellence et l'utilité de la dance et de la musique.

MONSIEUR JOURDAIN.

Je comprends cela, à cette heure.

MAISTRE DE MUSIQUE.

Voulez-vous voir nos deux affaires ?

MONSIEUR JOURDAIN.

Oüy.

MAISTRE DE MUSIQUE.

Je vous l'ay déja dit, c'est un petit essay que j'ay fait autrefois des diverses passions que peut exprimer la musique.

MONSIEUR JOURDAIN.

Fort bien.

MAISTRE DE MUSIQUE.

Allons, avancez. Il faut vous figurer qu'ils sont habillez en bergers.

MONSIEUR JOURDAIN.

Pourquoy toûjours des bergers? On ne voit que cela par tout.

MAISTRE A DANCER.

Lors qu'on a des personnes à faire parler en musique, il faut bien que pour la vray-semblance on donne dans la bergerie. Le chant a esté de tout temps affecté aux bergers; et il n'est guére naturel en dialogue que des princes ou des bourgeois chantent leurs passions.

MONSIEUR JOURDAIN.

Passe, passe. Voyons.

DIALOGUE EN MUSIQUE.

UNE MUSICIENNE ET DEUX MUSICIENS.

MUSICIENNE.

Un cœur, dans l'amoureux empire,
De mille soins est toûjours agité :
On dit qu'avec plaisir on languit, on soûpire;
Mais, quoy qu'on puisse dire,
Il n'est rien de si doux que nostre liberté.

PREMIER MUSICIEN.

Il n'est rien de si doux que les tendres ardeurs
Qui font vivre deux cœurs
Dans une mesme envie :
On ne peut estre heureux sans amoureux desirs;
Ostez l'amour de la vie,
Vous en ostez les plaisirs.

SECOND MUSICIEN.

Il seroit doux d'entrer sous l'amoureuse loy,
Si l'on trouvoit en amour de la foy;
Mais, helas! ô rigueur cruelle!
On ne voit point de bergere fidelle;
Et ce sexe inconstant, trop indigne du jour,
Doit faire pour jamais renoncer à l'amour.

PREMIER MUSICIEN.

Aimable ardeur!

MUSICIENNE.

Franchise heureuse!

SECOND MUSICIEN.

Sexe trompeur!

PREMIER MUSICIEN.

Que tu m'es précieuse!

MUSICIENNE.

Que tu plais à mon cœur!

SECOND MUSICIEN.

Que tu me fais d'horreur!

PREMIER MUSICIEN.

Ah! quitte, pour aimer, cette haine mortelle!

MUSICIENNE.

On peut, on peut te montrer
Une bergere fidelle.

SECOND MUSICIEN.

Helas! où la rencontrer?

MUSICIENNE.

Pour defendre nostre gloire,
Je te veux offrir mon cœur.

PREMIER MUSICIEN.

Mais, bergere, puis-je croire
Qu'il ne sera point trompeur?

MUSICIENNE.

Voyons par experience
Qui des deux aimera mieux.

SECOND MUSICIEN.

Qui manquera de constance,
Le puissent perdre les dieux !

TOUS TROIS.

A des ardeurs si belles
Laissons-nous enflâmer ;
Ah ! qu'il est doux d'aimer,
Quand deux cœurs sont fidelles !

MONSIEUR JOURDAIN.

Est-ce tout ?

MAISTRE DE MUSIQUE.

Oüy.

MONSIEUR JOURDAIN.

Je trouve cela bien troussé, et il y a là-dedans de petits dictons assez jolis.

MAISTRE A DANCER.

Voicy, pour mon affaire, un petit essay des plus beaux mouvemens et des plus belles atitudes dont une dance puisse estre variée.

MONSIEUR JOURDAIN.

Sont-ce encore des bergers ?

MAISTRE A DANCER.

C'est ce qu'il vous plaira. Allons.

(*Quatre danceurs executent tous les mouvemens diferens et toutes les sortes de pas que le maistre à dancer leur commande ; et cette dance fait le premier intermede.*)

ACTE II.

SCENE PREMIERE.

MONSIEUR JOURDAIN,
MAISTRE DE MUSIQUE,
MAISTRE A DANCER, LAQUAIS.

MONSIEUR JOURDAIN.

VOILA qui n'est point sot, et ces gens-là se trémoussent bien.

MAISTRE DE MUSIQUE.

Lors que la dance sera meslée avec la musique, cela fera plus d'effet encore, et vous verrez quelque chose de galant dans le petit ballet que nous avons ajusté pour vous.

MONSIEUR JOURDAIN.

C'est pour tantost au moins; et la personne pour qui j'ay fait faire tout cela me doit faire l'honneur de venir disner ceans.

MAISTRE A DANCER.

Tout est prest.

MAISTRE DE MUSIQUE.

Au reste, Monsieur, ce n'est pas assez, il faut

qu'une personne comme vous, qui estes magnifique et qui avez de l'inclination pour les belles choses, ait un concert de musique chez soy tous les mercredis, ou tous les jeudis.

MONSIEUR JOURDAIN.

Est-ce que les gens de qualité en ont ?

MAISTRE DE MUSIQUE.

Oüy, Monsieur.

MONSIEUR JOURDAIN.

J'en auray donc. Cela sera-t-il beau ?

MAISTRE DE MUSIQUE.

Sans doute. Il vous faudra trois voix, un dessus, une haute-contre et une basse, qui seront accompagnées d'une basse de viole, d'un theorbe et d'un clavessin pour les basses continuës, avec deux dessus de violon pour joüer les ritornelles.

MONSIEUR JOURDAIN.

Il y faudra mettre aussi une trompette marine. La trompette marine est un instrument qui me plaist, et qui est harmonieux.

MAISTRE DE MUSIQUE.

Laissez-nous gouverner les choses.

MONSIEUR JOURDAIN.

Au moins, n'oubliez pas tantost de m'envoyer des musiciens pour chanter à table.

MAISTRE DE MUSIQUE.

Vous aurez tout ce qu'il vous faut.

MONSIEUR JOURDAIN.

Mais sur tout que le ballet soit beau.

MAISTRE DE MUSIQUE.

Vous en serez content, et, entr'autres choses, de certains menüets que vous y verrez.

MONSIEUR JOURDAIN.

Ah! les menüets sont ma dance, et je veux que vous me les voyiez dancer. Allons, mon maistre.

MAISTRE A DANCER.

Un chapeau, Monsieur, s'il vous plaist. La, la, la; La, la, la, la, la, la; La, la, la, *bis;* La, la, la; La, la. En cadence, s'il vous plaist. La, la, la, la. La jambe droite. La, la, la. Ne remuez point tant les épaules. La, la, la, la, la; La, la, la, la, la. Vos deux bras sont estropiez. La, la, la, la, la. Haussez la teste. Tournez la pointe du pied en dehors. La, la, la. Dressez vostre corps.

MONSIEUR JOURDAIN.

Euh?

MAISTRE DE MUSIQUE.

Voila qui est le mieux du monde.

MONSIEUR JOURDAIN.

A propos. Aprenez-moy comme il faut faire une reverence pour saluer une marquise; j'en auray besoin tantost.

MAISTRE A DANCER.

Une reverence pour saluer une marquise?

MONSIEUR JOURDAIN.

Oüy, une marquise qui s'apelle Dorimene.

MAISTRE A DANCER.

Donnez-moy la main.

MONSIEUR JOURDAIN.

Non. Vous n'avez qu'à faire, je le retiendray bien.

MAISTRE A DANCER.

Si vous voulez la saluer avec beaucoup de respect, il faut faire d'abord une reverence en arriere, puis marcher vers elle avec trois reverences en avant, et à la derniere vous baisser jusqu'à ses genoux.

MONSIEUR JOURDAIN.

Faites un peu. Bon!

LE LAQUAIS.

Monsieur, voila vostre maistre d'armes qui est là.

MONSIEUR JOURDAIN.

Dy-luy qu'il entre icy pour me donner leçon. Je veux que vous me voyiez faire.

SCENE II.

MAISTRE D'ARMES,
MAISTRE DE MUSIQUE,
MAISTRE A DANCER,
MONSIEUR JOURDAIN, DEUX LAQUAIS.

MAISTRE D'ARMES, *aprés luy avoir mis le fleuret à la main.*

Allons, Monsieur, la reverence. Vostre corps droit. Un peu panché sur la cuisse gauche. Les jambes point tant écartées. Vos pieds sur une mesme ligne. Vostre poignet à l'oposite de vostre hanche. La pointe de vostre épée vis-à-vis de vostre épaule. Le bras pas tout-à-fait si étendu. La main gauche à la hauteur de l'œil. L'épaule gauche plus quartée. La teste droite. Le regard assuré. Avancez. Le corps ferme. Touchez-moy l'épée de quarte, et achevez de mesme. Une, deux. Remettez-vous. Redoublez de pied ferme. Un saut en arriere. Quand vous portez la botte, Monsieur, il faut que l'épée parte la premiere, et que le corps soit bien effacé. Une, deux. Allons, touchez-moy l'épée de tierce, et achevez de mesme. Avancez. Le corps ferme. Avancez. Partez de là. Une, deux. Remettez-vous. Redoublez. Un saut en arriere. En garde, Monsieur, en garde!

(*Le maistre d'armes luy pousse deux ou trois bottes en luy disant: « En garde! »*)

MONSIEUR JOURDAIN.

Euh?

MAISTRE DE MUSIQUE.

Vous faites des merveilles.

MAISTRE D'ARMES.

Je vous l'ay déja dit; tout le secret des armes ne consiste qu'en deux choses: à donner et à ne point recevoir; et, comme je vous fis voir l'autre jour par raison démonstrative, il est impossible que vous receviez, si vous sçavez détourner l'épée de vostre ennemy de la ligne de vostre corps; ce qui ne dépend seulement que d'un petit mouvement du poignet, ou en dedans ou en dehors.

MONSIEUR JOURDAIN.

De cette façon donc un homme, sans avoir du cœur, est seur de tuer son homme et de n'estre point tué?

MAISTRE D'ARMES.

Sans doute. N'en vistes-vous pas la démonstration?

MONSIEUR JOURDAIN.

Oüy.

MAISTRE D'ARMES.

Et c'est en quoy l'on voit de quelle consideration nous autres nous devons estre dans un Etat, et combien la science des armes l'emporte hautement sur toutes les autres sciences inutiles, comme la dance, la musique, la...

MAISTRE A DANCER.

Tout-beau, Monsieur le tireur d'armes. Ne parlez de la dance qu'avec respect.

MAISTRE DE MUSIQUE.

Aprenez, je vous prie, à mieux traitter l'excellence de la musique.

MAISTRE D'ARMES.

Vous estes de plaisantes gens, de vouloir comparer vos sciences à la mienne!

MAISTRE DE MUSIQUE.

Voyez un peu l'homme d'importance!

MAISTRE A DANCER.

Voila un plaisant animal avec son plastron!

MAISTRE D'ARMES.

Mon petit maistre à dancer, je vous ferois dancer comme il faut. Et vous, mon petit musicien, je vous ferois chanter de la belle maniere.

MAISTRE A DANCER.

Monsieur le batteur de fer, je vous aprendray vostre mestier.

MONSIEUR JOURDAIN, *au maistre à dancer.*

Estes-vous fou de l'aller quereller, luy qui entend la tierce et la quarte, et qui sçait tuer un homme par raison démonstrative?

MAISTRE A DANCER.

Je me moque de sa raison démonstrative, et de sa tierce, et de sa quarte.

MONSIEUR JOURDAIN.

Tout-doux, vous dis-je.

MAISTRE D'ARMES.

Comment ? petit impertinent !

MONSIEUR JOURDAIN.

Eh ! mon maistre d'armes.

MAISTRE A DANCER.

Comment? grand cheval de carosse!

MONSIEUR JOURDAIN.

Eh! mon maistre à dancer.

MAISTRE D'ARMES.

Si je me jette sur vous...

MONSIEUR JOURDAIN.

Doucement.

MAISTRE A DANCER.

Si je mets sur vous la main...

MONSIEUR JOURDAIN.

Tout-beau.

MAISTRE D'ARMES.

Je vous étrilleray d'un air...

MONSIEUR JOURDAIN.

De grace...

MAISTRE A DANCER.

Je vous rosseray d'une maniere...

MONSIEUR JOURDAIN.

Je vous prie...

MAISTRE DE MUSIQUE.

Laissez-nous un peu luy aprendre à parler.

MONSIEUR JOURDAIN.

Mon Dieu, arrestez-vous.

SCENE III..

MAISTRE DE PHILOSOPHIE, MAISTRE DE MUSIQUE, MAISTRE A DANCER, MAISTRE D'ARMES, MONSIEUR JOURDAIN, LAQUAIS.

MONSIEUR JOURDAIN.

Hola! Monsieur le philosophe, vous arrivez tout à propos avec vostre philosophie. Venez un peu mettre la paix entre ces personnes-cy.

MAISTRE DE PHILOSOPHIE.

Qu'est-ce donc? Qu'y a-t-il, Messieurs?

MONSIEUR JOURDAIN.

Ils se sont mis en colere pour la preference de leurs professions, jusqu'à se dire des injures et vouloir en venir aux mains.

MAISTRE DE PHILOSOPHIE.

Hé quoy! Messieurs, faut-il s'emporter de la sorte ? et n'avez-vous point leu le docte traitté que Seneque a composé de la colere ? Y a-t-il rien de plus bas et de plus honteux que cette passion, qui fait d'un homme une beste feroce ? Et la raison ne doit-elle pas estre maistresse de tous nos mouvemens?

MAISTRE A DANCER.

Comment! Monsieur, il vient nous dire des injures à tous deux, en méprisant la dance, que j'exerce, et la musique, dont il fait profession?

MAISTRE DE PHILOSOPHIE.

Un homme sage est au dessus de toutes les injures qu'on luy peut dire; et la grande réponse qu'on doit faire aux outrages, c'est la modération et la patience.

MAISTRE D'ARMES.

Ils ont tous deux l'audace de vouloir comparer leurs professions à la mienne.

MAISTRE DE PHILOSOPHIE.

Faut-il que cela vous émeuve? Ce n'est pas de vaine gloire et de condition que les hommes doivent disputer entr'eux; et ce qui nous distingue parfaitement les uns des autres, c'est la sagesse et la vertu.

MAISTRE A DANCER.

Je luy soûtiens que la dance est une science à laquelle on ne peut faire assez d'honneur.

MAISTRE DE MUSIQUE.

Et moy, que la musique en est une que tous les siecles ont reverée.

MAISTRE D'ARMES.

Et moy, je leur soûtiens à tous deux que la science de tirer des armes est la plus belle et la plus necessaire de toutes les sciences.

MAISTRE DE PHILOSOPHIE.

Et que sera donc la philosophie? Je vous trouve tous trois bien impertinens de parler devant moy avec cette arrogance, et de donner impudemment le nom de science à des choses que l'on ne doit pas mesme honorer du nom d'art, et qui ne peuvent estre comprises que sous le nom de mestier miserable de gladiateur, de chanteur et de baladin!

MAISTRE D'ARMES.

Allez, philosophe de chien!

MAISTRE DE MUSIQUE.

Allez, belistre de pédant!

MAISTRE A DANCER.

Allez, cuistre fieffé!

MAISTRE DE PHILOSOPHIE.

Comment? Marauts que vous estes...

(*Le philosophe se jette sur eux, et tous trois le chargent de coups, et sortent en se battant.*)

MONSIEUR JOURDAIN.

Monsieur le philosophe.

MAISTRE DE PHILOSOPHIE.

Infames! coquins! insolens!

MONSIEUR JOURDAIN.

Monsieur le philosophe!

MAISTRE D'ARMES.

La peste l'animal!

MONSIEUR JOURDAIN.

Messieurs.

MAISTRE DE PHILOSOPHIE.

Impudens!

MONSIEUR JOURDAIN.

Monsieur le philosophe!

MAISTRE DE PHILOSOPHIE.

Diantre soit de l'asne basté!

MONSIEUR JOURDAIN.

Messieurs.

MAISTRE DE PHILOSOPHIE.

Scelerats!

MONSIEUR JOURDAIN.

Monsieur le philosophe !

MAISTRE DE MUSIQUE.

Au diable l'impertinent !

MONSIEUR JOURDAIN.

Messieurs.

MAISTRE DE PHILOSOPHIE.

Fripons ! gueux ! traistres ! imposteurs !

(Ils sortent.)

MONSIEUR JOURDAIN.

Monsieur le philosophe, Messieurs, Monsieur le philosophe, Messieurs, Monsieur le philosophe !... Oh ! battez-vous tant qu'il vous plaira, je n'y sçaurois que faire, et je n'iray pas gaster ma robe pour vous séparer. Je serois bien fou de m'aller fourer parmy eux pour recevoir quelque coup qui me feroit mal.

SCENE IV.

MAISTRE DE PHILOSOPHIE, MONSIEUR JOURDAIN.

MAISTRE DE PHILOSOPHIE, *en racommodant son colet.*

Venons à nostre leçon.

MONSIEUR JOURDAIN.

Ah ! Monsieur, je suis fâché des coups qu'ils vous ont donnés.

MAISTRE DE PHILOSOPHIE.

Cela n'est rien. Un philosophe sçait recevoir

comme il faut les choses, et je vay composer contr'eux une satyre du style de Juvenal, qui les déchirera de la belle façon. Laissons cela. Que voulez-vous aprendre?

MONSIEUR JOURDAIN.

Tout ce que je pouray, car j'ay toutes les envies du monde d'estre sçavant, et j'enrage que mon pere et ma mere ne m'ayent pas fait bien étudier dans toutes les sciences, quand j'estois jeune.

MAISTRE DE PHILOSOPHIE.

Ce sentiment est raisonnable. *Nam sine doctrina vita est quasi mortis imago*. Vous entendez cela, et vous sçavez le latin sans doute?

MONSIEUR JOURDAIN.

Oüy, mais faites comme si je ne le sçavois pas. Expliquez-moy ce que cela veut dire.

MAISTRE DE PHILOSOPHIE.

Cela veut dire que sans la science la vie est presque une image de la mort.

MONSIEUR JOURDAIN.

Ce latin-là a raison.

MAISTRE DE PHILOSOPHIE.

N'avez-vous point quelques principes, quelques commencemens des sciences?

MONSIEUR JOURDAIN.

Oh! oüy, je sçay lire et écrire.

MAISTRE DE PHILOSOPHIE.

Par où vous plaist-il que nous commencions? Voulez-vous que je vous aprenne la logique?

MONSIEUR JOURDAIN.

Qu'est-ce que c'est que cette logique?

MAISTRE DE PHILOSOPHIE.

C'est elle qui enseigne les trois operations de l'esprit.

MONSIEUR JOURDAIN.

Qui sont-elles, ces trois operations de l'esprit?

MAISTRE DE PHILOSOPHIE.

La premiere, la seconde et la troisiéme. La premiere est de bien concevoir par le moyen des universaux; la seconde, de bien juger par le moyen des cathegories; et la troisiéme, de bien tirer une consequence par le moyen des figures. *Barbara, Celarent, Darii, Ferio, Baralipton, etc.*

MONSIEUR JOURDAIN.

Voila des mots qui sont trop rebarbatifs. Cette logique-là ne me revient point. Aprenons autre chose qui soit plus joly.

MAISTRE DE PHILOSOPHIE.

Voulez-vous aprendre la morale?

MONSIEUR JOURDAIN.

La morale?

MAISTRE DE PHILOSOPHIE.

Oüy.

MONSIEUR JOURDAIN.

Qu'est-ce qu'elle dit, cette morale?

MAISTRE DE PHILOSOPHIE.

Elle traitte de la felicité, enseigne aux hommes à moderer leurs passions, et...

MONSIEUR JOURDAIN.

Non, laissons cela. Je suis bilieux comme tous les diables; et, il n'y a morale qui tienne, je me veux mettre en colere tout mon saoul, quand il m'en prend envie.

MAISTRE DE PHILOSOPHIE.

Est-ce la physique que vous voulez aprendre?

MONSIEUR JOURDAIN.

Qu'est-ce qu'elle chante, cette physique?

MAISTRE DE PHILOSOPHIE.

La physique est celle qui explique les principes des choses naturelles et les proprietez du corps; qui discourt de la nature des élemens, des métaux, des mineraux, des pierres, des plantes et des animaux, et nous enseigne les causes de tous les méteores, l'arc-en-ciel, les feux volans, les cométes, les éclairs, le tonnerre, la foudre, la pluye, la neige, la gresle, les vents et les tourbillons.

MONSIEUR JOURDAIN.

Il y a trop de tintamare là-dedans, trop de broüillaminy.

MAISTRE DE PHILOSOPHIE.

Que voulez-vous donc que je vous aprenne?

MONSIEUR JOURDAIN.

Aprenez-moy l'ortographe.

MAISTRE DE PHILOSOPHIE.

Tres-volontiers.

MONSIEUR JOURDAIN.

Aprés, vous m'aprendrez l'almanach, pour sçavoir quand il y a de la lune et quand il n'y en a point.

MAISTRE DE PHILOSOPHIE.

Soit. Pour bien suivre vostre pensée et traitter cette matiere en philosophe, il faut commencer, selon l'ordre des choses, par une exacte connoissance de la nature des lettres et de la diferente maniere de les prononcer toutes. Et là-dessus j'ay à vous dire que les lettres sont divisées en voyelles, ainsi dites voyelles parce qu'elles expriment les voix; et en consonnes, ainsi appellées consonnes parce qu'elles sonnent avec les voyelles, et ne font que marquer les diverses articulations des voix. Il y a cinq voyelles ou voix : A, E, I, O, U.

MONSIEUR JOURDAIN.

J'entens tout cela.

MAISTRE DE PHILOSOPHIE.

La voix A se forme en ouvrant fort la bouche : A.

MONSIEUR JOURDAIN.

A, A, oüy.

MAISTRE DE PHILOSOPHIE.

La voix E se forme en r'aprochant la machoire d'enbas de celle d'enhaut : A, E.

MONSIEUR JOURDAIN.

A, E; A, E. Ma foy, oüy. Ah! que cela est beau!

MAISTRE DE PHILOSOPHIE.

Et la voix I, en r'aprochant encore davantage les machoires l'une de l'autre, et écartant les deux coins de la bouche vers les oreilles : A, E, I.

MONSIEUR JOURDAIN.

A, E, I, I, I, I. Cela est vray. Vive la science!

MAISTRE DE PHILOSOPHIE.

La voix O se forme en r'ouvrant les machoires, et r'aprochant les levres par les deux coins, le haut et le bas : O.

MONSIEUR JOURDAIN.

O, O. Il n'y a rien de plus juste. A, E, I, O, I, O. Cela est admirable! I, O, I, O.

MAISTRE DE PHILOSOPHIE.

L'ouverture de la bouche fait justement comme un petit rond qui represente un O.

MONSIEUR JOURDAIN.

O, O, O. Vous avez raison. O. Ah! la belle chose que de sçavoir quelque chose!

MAISTRE DE PHILOSOPHIE.

La voix U se forme en r'aprochant les dents sans les joindre entierement, et allongeant les deux levres en dehors, les aprochant aussi l'une de l'autre sans les joindre tout-à-fait : U.

MONSIEUR JOURDAIN.

U, U. Il n'y a rien de plus veritable, U.

MAISTRE DE PHILOSOPHIE.

Vos deux levres s'allongent comme si vous faisiez la mouë, d'où vient que, si vous la voulez faire à quelqu'un et vous moquer de luy, vous ne sçauriez luy dire que U.

MONSIEUR JOURDAIN.

U, U. Cela est vray. Ah! que n'ay-je étudié plutost pour sçavoir tout cela!

MAISTRE DE PHILOSOPHIE.

Demain nous verrons les autres lettres, qui sont les consonnes.

MONSIEUR JOURDAIN.

Est-ce qu'il y a des choses aussi curieuses qu'à celles-cy?

MAISTRE DE PHILOSOPHIE.

Sans doute. La consonne D, par exemple, se prononce en donnant du bout de la langue au dessus des dents d'enhaut : DA.

MONSIEUR JOURDAIN.

DA, DA. Oüy. Ah! les belles choses! les belles choses!

MAISTRE DE PHILOSOPHIE.

L'F, en apuyant les dents d'enhaut sur la levre de dessous : FA.

MONSIEUR JOURDAIN.

FA, FA. C'est la verité. Ah! mon pere et ma mere, que je vous veux de mal!

MAISTRE DE PHILOSOPHIE.

Et l'R, en portant le bout de la langue jusqu'au haut du palais; de sorte qu'estant frolée par l'air qui sort avec force, elle luy cede, et revient toûjours au mesme endroit, faisant une maniere de tremblement : R, ra.

MONSIEUR JOURDAIN.

R, r, ra; R, r, r, r, r, ra. Cela est vray. Ah! l'habile homme que voùs estes! et que j'ay perdu de temps! R, r, r, ra.

MAISTRE DE PHILOSOPHIE.

Je vous expliqueray à fond toutes ces curiositez.

MONSIEUR JOURDAIN.

Je vous en prie. Au reste, il faut que je vous fasse une confidence. Je suis amoureux d'une personne de grande qualité, et je souhaiterois que vous m'aidassiez à luy écrire quelque chose dans un petit billet que je veux laisser tomber à ses pieds.

MAISTRE DE PHILOSOPHIE.

Fort-bien.

MONSIEUR JOURDAIN.

Cela sera galant, oüy.

MAISTRE DE PHILOSOPHIE.

Sans doute. Sont-ce des vers que vous luy voulez écrire ?

MONSIEUR JOURDAIN.

Non, non, point de vers.

MAISTRE DE PHILOSOPHIE.

Vous ne voulez que de la prose?

MONSIEUR JOURDAIN.

Non, je ne veux ny prose ny vers.

MAISTRE DE PHILOSOPHIE.

Il faut bien que ce soit l'un ou l'autre.

MONSIEUR JOURDAIN.

Pourquoy ?

MAISTRE DE PHILOSOPHIE.

Par la raison, Monsieur, qu'il n'y a pour s'exprimer que la prose ou les vers.

MONSIEUR JOURDAIN.

Il n'y a que la prose ou les vers ?

MAISTRE DE PHILOSOPHIE.

Non, Monsieur : tout ce qui n'est point prose est vers ; et tout ce qui n'est point vers est prose.

MONSIEUR JOURDAIN.

Et comme l'on parle, qu'est-ce que c'est donc que cela ?

MAISTRE DE PHILOSOPHIE.

De la prose.

MONSIEUR JOURDAIN.

Quoy ! quand je dis : « Nicole, apportez-moy mes pantouffles, et me donnez mon bonnet de nuit, » c'est de la prose ?

MAISTRE DE PHILOSOPHIE.

Oüy, Monsieur.

MONSIEUR JOURDAIN.

Par ma foy! il y a plus de quarante ans que je dis de la prose sans que j'en sceusse rien; et je vous suis le plus obligé du monde de m'avoir apris cela. Je voudrois donc luy mettre dans un billet : *Belle marquise, vos beaux yeux me font mourir d'amour;* mais je voudrois que cela fût mis d'une maniere galante, que cela fût tourné gentiment.

MAISTRE DE PHILOSOPHIE.

Mettre que les feux de ses yeux reduisent vostre cœur en cendres; que vous souffrez nuit et jour pour elle les violences d'un...

MONSIEUR JOURDAIN.

Non, non, non, je ne veux point tout cela; je ne veux que ce que je vous ay dit : *Belle marquise, vos beaux yeux me font mourir d'amour.*

MAISTRE DE PHILOSOPHIE.

Il faut bien étendre un peu la chose.

MONSIEUR JOURDAIN.

Non, vous dy-je, je ne veux que ces seules paroles-là dans le billet, mais tournées à la mode, bien arrangées comme il faut. Je vous prie de me dire un peu, pour voir, les diverses manieres dont on les peut mettre.

MAISTRE DE PHILOSOPHIE.

On les peut mettre premierement comme vous avez dit : *Belle marquise, vos beaux yeux me font mourir d'amour.* Ou bien : *D'amour mourir me font, belle marquise, vos beaux yeux.* Ou bien : *Vos yeux beaux d'amour me font, belle marquise, mourir*. Ou bien : *Mourir vos beaux yeux, belle marquise, d'amour me font*. Ou bien : *Me font vos yeux beaux mourir, belle marquise, d'amour*.

MONSIEUR JOURDAIN.

Mais, de toutes ces façons-là, laquelle est la meilleure ?

MAISTRE DE PHILOSOPHIE.

Celle que vous avez dite : *Belle marquise, vos beaux yeux me font mourir d'amour*.

MONSIEUR JOURDAIN.

Cependant je n'ay point étudié, et j'ay fait cela tout du premier coup. Je vous remercie de tout mon cœur, et vous prie de venir demain de bonne heure.

MAISTRE DE PHILOSOPHIE.

Je n'y manqueray pas. [*Il sort*.]

MONSIEUR JOURDAIN, [*à son laquais*].

Comment, mon habit n'est point encore arrivé ?

LE LAQUAIS.

Non, Monsieur.

MONSIEUR JOURDAIN.

Ce maudit tailleur me fait bien attendre pour un jour où j'ay tant d'affaires ! J'enrage. Que la fievre quartaine puisse serrer bien fort le bourreau de tailleur ! Au diable le tailleur ! La peste étouffe le tailleur ! Si je le tenois maintenant, ce tailleur détestable, ce chien de tailleur-là, ce traistre de tailleur, je...

SCENE V.

MAISTRE TAILLEUR,
GARÇON TAILLEUR PORTANT L'HABIT DE MONSIEUR JOURDAIN,
MONSIEUR JOURDAIN, LAQUAIS.

MONSIEUR JOURDAIN.

Ah ! vous voila ? Je m'allois mettre en colere contre vous.

MAISTRE TAILLEUR.

Je n'ay pas pû venir plutost, et j'ay mis vingt garçons aprés vostre habit.

MONSIEUR JOURDAIN.

Vous m'avez envoyé des bas de soye si étroits que j'ay eu toutes les peines du monde à les mettre, et il y a déja deux mailles de rompuës.

MAISTRE TAILLEUR.

Ils ne s'élargiront que trop.

MONSIEUR JOURDAIN.

Oüy, si je romps toûjours des mailles. Vous m'avez aussi fait faire des souliers qui me blessent furieusement.

MAISTRE TAILLEUR.

Point du tout, Monsieur.

MONSIEUR JOURDAIN.

Comment, point du tout !

MAISTRE TAILLEUR.

Non, ils ne vous blessent point.

MONSIEUR JOURDAIN.

Je vous dis qu'ils me blessent, moy.

MAISTRE TAILLEUR.

Vous vous imaginez cela.

MONSIEUR JOURDAIN.

Je me l'imagine parce que je le sens. Voyez la belle raison!

MAISTRE TAILLEUR.

Tenez, voila le plus bel habit de la cour, et le mieux assorty. C'est un chef-d'œuvre que d'avoir inventé un habit sérieux qui ne fût pas noir; et je le donne en six coups aux tailleurs les plus éclairez.

MONSIEUR JOURDAIN.

Qu'est-ce que c'est que cecy? Vous avez mis les fleurs en enbas.

MAISTRE TAILLEUR.

Vous ne m'avez pas dit que vous les vouliez en enhaut.

MONSIEUR JOURDAIN.

Est-ce qu'il faut dire cela?

MAISTRE TAILLEUR.

Oüy vrayment. Toutes les personnes de qualité les portent de la sorte.

MONSIEUR JOURDAIN.

Les personnes de qualité portent les fleurs en enbas?

MAISTRE TAILLEUR.

Oüy, Monsieur.

MONSIEUR JOURDAIN.

Oh! voila qui est donc bien.

MAISTRE TAILLEUR.

Si vous voulez, je les mettray en enhaut.

MONSIEUR JOURDAIN.

Non, non.

MAISTRE TAILLEUR.

Vous n'avez qu'à dire.

MONSIEUR JOURDAIN.

Non, vous dy-je, vous avez bien fait. Croyez-vous que l'habit m'aille bien?

MAISTRE TAILLEUR.

Belle demande! Je défie un peintre avec son pinceau de vous faire rien de plus juste. J'ay chez moy un garçon qui, pour monter une ringrave, est le plus grand génie du monde; et un autre qui, pour assembler un pourpoint, est le héros de nostre temps.

MONSIEUR JOURDAIN.

La perruque et les plumes sont-elles comme il faut?

MAISTRE TAILLEUR.

Tout est bien.

MONSIEUR JOURDAIN, *en regardant l'habit du tailleur.*

Ah! ah! Monsieur le tailleur, voila de mon étoffe du dernier habit que vous m'avez fait. Je la reconnoy bien.

MAISTRE TAILLEUR.

C'est que l'étoffe me sembla si belle que j'en ay voulu lever un habit pour moy.

MONSIEUR JOURDAIN.

Oüy, mais il ne falloit pas le lever avec le mien.

MAISTRE TAILLEUR.

Voulez-vous mettre vostre habit ?

MONSIEUR JOURDAIN.

Oüy, donnez-moy.

MAISTRE TAILLEUR.

Attendez. Cela ne va pas comme cela. J'ay amené des gens pour vous habiller en cadance, et ces sortes d'habits se mettent avec ceremonie. Hola ! entrez, vous autres. Mettez cet habit à Monsieur de la maniere que vous faites aux personnes de qualité.

(*Quatre garçons tailleurs entrent, dont deux luy arrachent le haut-de-chausse de ses exercices, et deux autres la camisole, puis ils luy mettent son habit neuf; et monsieur Jourdain se promene entr'eux, et leur montre son habit pour voir s'il est bien. Le tout à la cadance de toute la simphonie.*)

GARÇON TAILLEUR.

Mon gentilhomme, donnez, s'il vous plaist, aux garçons quelque chose pour boire.

MONSIEUR JOURDAIN.

Comment m'appellez-vous ?

GARÇON TAILLEUR.

Mon gentilhomme.

MONSIEUR JOURDAIN.

Mon gentilhomme ! Voila ce que c'est de se mettre en personne de qualité ! Allez-vous-en demeurer toûjours habillé en bourgeois, on ne vous dira point « Mon gentilhomme ». Tenez, voila pour « Mon gentilhomme ».

GARÇON TAILLEUR.

Monseigneur, nous vous sommes bien obligez.

MONSIEUR JOURDAIN.

Monseigneur! oh! oh! Monseigneur! Attendez, mon amy, « Monseigneur » merite quelque chose, et ce n'est pas une petite parole que « Monseigneur ». Tenez, voila ce que Monseigneur vous donne.

GARÇON TAILLEUR.

Monseigneur, nous allons boire tous à la santé de Vostre Grandeur.

MONSIEUR JOURDAIN.

Vostre Grandeur! oh! oh! oh! Attendez, ne vous en allez pas. A moy « Vostre Grandeur » ! Ma foy, s'il va jusqu'à l'Altesse, il aura toute la bourse. Tenez, voila pour ma Grandeur.

GARÇON TAILLEUR.

Monseigneur, nous la remercions tres-humblement de ses liberalitez.

MONSIEUR JOURDAIN.

Il a bien fait, je luy allois tout donner.

(*Les quatre garçons tailleurs se réjoüissent par une dance, qui fait le second intermede.*)

ACTE III.

SCENE PREMIERE.

MONSIEUR JOURDAIN, LAQUAIS.

MONSIEUR JOURDAIN.

SUIVEZ-MOY, que j'aille un peu montrer mon habit par la ville ; et sur tout ayez soin tous deux de marcher immédiatement sur mes pas, afin qu'on voye bien que vous estes à moy.

LAQUAIS.

Oüy, Monsieur.

MONSIEUR JOURDAIN.

Appellez-moy Nicole, que je luy donne quelques ordres. Ne bougez, la voila.

SCENE II.

NICOLE, MONSIEUR JOURDAIN, LAQUAIS.

MONSIEUR JOURDAIN.

Nicole !

NICOLE.

Plaist-il ?

MONSIEUR JOURDAIN.

Ecoutez.

NICOLE.

Hi, hi, hi, hi, hi !

MONSIEUR JOURDAIN.

Qu'as-tu à rire ?

NICOLE.

Hi, hi, hi, hi, hi, hi !

MONSIEUR JOURDAIN.

Que veut dire cette coquine-là ?

NICOLE.

Hi, hi, hi ! Comme vous voila basty ! Hi, hi, hi !

MONSIEUR JOURDAIN.

Comment donc ?

NICOLE.

Ah, ah, mon Dieu ! Hi, hi, hi, hi, hi !

MONSIEUR JOURDAIN.

Quelle friponne est-ce là ? Te moques-tu de moy ?

NICOLE.

Nenny, Monsieur, j'en serois bien fâchée. Hi, hi, hi, hi, hi, hi !

MONSIEUR JOURDAIN.

Je te bailleray sur le nez, si tu ris davantage.

NICOLE.

Monsieur, je ne puis pas m'en empescher. Hi, hi, hi, hi, hi, hi !

MONSIEUR JOURDAIN.

Tu ne t'arresteras pas ?

NICOLE.

Monsieur, je vous demande pardon; mais vous estes si plaisant que je ne sçaurois me tenir de rire. Hi, hi, hi!

MONSIEUR JOURDAIN.

Mais voyez quelle insolence!

NICOLE.

Vous estes tout-à-fait drôle comme cela. Hi, hi!

MONSIEUR JOURDAIN.

Je te...

NICOLE.

Je vous prie de m'excuser. Hi, hi, hi, hi!

MONSIEUR JOURDAIN.

Tien, si tu ris encore le moins du monde, je te jure que je t'apliqueray sur la jouë le plus grand souflet qui se soit jamais donné.

NICOLE.

Hé bien, Monsieur, voila qui est fait, je ne riray plus.

MONSIEUR JOURDAIN.

Prens-y bien garde. Il faut que pour tantost tu nettoyes...

NICOLE.

Hi, hi!

MONSIEUR JOURDAIN.

Que tu nettoyes comme il faut...

NICOLE.

Hi, hi!

MONSIEUR JOURDAIN.

Il faut, dis-je, que tu nettoyes la salle, et...

NICOLE.

Hi, hi!

MONSIEUR JOURDAIN.

Encore ?

NICOLE.

Tenez, Monsieur, battez-moy plutost, et me laissez rire tout mon saoul, cela me fera plus de bien. Hi, hi, hi, hi, hi !

MONSIEUR JOURDAIN.

J'enrage !

NICOLE.

De grace, Monsieur, je vous prie de me laisser rire. Hi, hi, hi !

MONSIEUR JOURDAIN.

Si je te prens...

NICOLE.

Monsieur... eur, je creveray... ay, si je ne ry. Hi, hi, hi !

MONSIEUR JOURDAIN.

Mais a-t-on jamais veu une pendarde comme celle-là qui me vient rire insolemment au nez, au lieu de recevoir mes ordres ?

NICOLE.

Que voulez-vous que je fasse, Monsieur ?

MONSIEUR JOURDAIN.

Que tu songes, coquine, à preparer ma maison pour la compagnie qui doit venir tantost.

NICOLE.

Ah ! par ma foy, je n'ay plus envie de rire ; et toutes vos compagnies font tant de desordre ceans que ce mot est assez pour me mettre en mauvaise humeur.

MONSIEUR JOURDAIN.

Ne dois-je point pour toy fermer ma porte à tout le monde?

NICOLE.

Vous devriez au moins la fermer à certaines gens.

SCENE III.

MADAME JOURDAIN, MONSIEUR JOURDAIN, NICOLE, LAQUAIS.

MADAME JOURDAIN.

Ah! ah! voicy une nouvelle histoire. Qu'est-ce que c'est donc, mon mary, que cet équipage-là? Vous moquez-vous du monde de vous estre fait enharnacher de la sorte? et avez-vous envie qu'on se raille par tout de vous?

MONSIEUR JOURDAIN.

Il n'y a que des sots et des sottes, ma femme, qui se railleront de moy.

MADAME JOURDAIN.

Vrayment, on n'a pas attendu jusqu'à cette heure, et il y a longtemps que vos façons de faire donnent à rire à tout le monde.

MONSIEUR JOURDAIN.

Qui est donc tout ce monde-là, s'il vous plaist?

MADAME JOURDAIN.

Tout ce monde-là est un monde qui a raison et qui est plus sage que vous. Pour moy, je suis scandalisée de la vie que vous menez. Je ne sçay plus ce que c'est que nostre maison. On diroit qu'il est ceans caresme-prenant tous les jours ; et dés le matin, de peur d'y manquer, on y entend des vacarmes de violons et de chanteurs dont tout le voisinage se trouve incommodé.

NICOLE.

Madame parle bien. Je ne sçaurois plus voir mon ménage propre avec cet attirail de gens que vous faites venir chez vous. Ils ont des pieds qui vont chercher de la bouë dans tous les quartiers de la ville pour l'apporter icy ; et la pauvre Françoise est presque sur les dents à frotter les planchers que vos biaux maistres viennent crotter regulierement tous les jours.

MONSIEUR JOURDAIN.

Oüais, nostre servante Nicole, vous avez le caquet bien affilé pour une païsanne.

MADAME JOURDAIN.

Nicole a raison, et son sens est meilleur que le vostre. Je voudrois bien sçavoir ce que vous pensez faire d'un maistre à dancer, à l'âge que vous avez ?

NICOLE.

Et d'un grand maistre tireur d'armes qui vient, avec ses battemens de pied, ébranler toute la maison, et nous déraciner tous les carriaux de nostre salle ?

MONSIEUR JOURDAIN.

Taisez-vous, ma servante, et ma femme.

MADAME JOURDAIN.

Est-ce que vous voulez aprendre à dancer pour quand vous n'aurez plus de jambes?

NICOLE.

Est-ce que vous avez envie de tuer quelqu'un ?

MONSIEUR JOURDAIN.

Taisez-vous, vous dis-je ; vous estes des ignorantes l'une et l'autre, et vous ne sçavez pas les prérogatives de tout cela.

MADAME JOURDAIN.

Vous devriez bien plutost songer à marier vostre fille, qui est en âge d'estre pourveuë.

MONSIEUR JOURDAIN.

Je songeray à marier ma fille quand il se presentera un party pour elle ; mais je veux songer aussi à apprendre les belles choses.

NICOLE.

J'ay encore oüy dire, Madame, qu'il a pris aujourd'huy, pour renfort de potage, un maistre de philosophie.

MONSIEUR JOURDAIN.

Fort bien. Je veux avoir de l'esprit, et sçavoir raisonner des choses parmy les honnestes gens.

MADAME JOURDAIN.

N'irez-vous point un de ces jours au college vous faire donner le fouët, à vostre âge ?

MONSIEUR JOURDAIN.

Pourquoy non ? Plût à Dieu l'avoir tout-à-l'heure, le fouët, devant tout le monde, et sçavoir ce qu'on aprend au college !

NICOLE.

Oüy, ma foy, cela vous rendroit la jambe bien mieux faite.

MONSIEUR JOURDAIN.

Sans doute.

MADAME JOURDAIN.

Tout cela est fort necessaire pour conduire vostre maison.

MONSIEUR JOURDAIN.

Assurément. Vous parlez toutes deux comme des bestes, et j'ay honte de vostre ignorance. Par exemple, sçavez-vous, vous, ce que c'est que vous dites à cette heure?

MADAME JOURDAIN.

Oüy, je sçay que ce que je dis est fort bien dit, et que vous devriez songer à vivre d'autre sorte.

MONSIEUR JOURDAIN.

Je ne parle pas de cela. Je vous demande ce que c'est que les paroles que vous dites icy?

MADAME JOURDAIN.

Ce sont des paroles bien sensées, et vostre conduite ne l'est guéres.

MONSIEUR JOURDAIN.

Je ne parle pas de cela, vous dy-je. Je vous demande : Ce que je parle avec vous, ce que je vous dy à cette heure, qu'est-ce que c'est?

MADAME JOURDAIN.

Des chansons.

MONSIEUR JOURDAIN.

Hé non, ce n'est pas cela. Ce que nous disons tous deux, le langage que nous parlons à cette heure?

MADAME JOURDAIN.

Hé bien?

MONSIEUR JOURDAIN.

Comment est-ce que cela s'apelle?

MADAME JOURDAIN.

Cela s'apelle comme on veut l'apeller.

MONSIEUR JOURDAIN.

C'est de la prose, ignorante.

MADAME JOURDAIN.

De la prose?

MONSIEUR JOURDAIN.

Oüy, de la prose. Tout ce qui est prose n'est point vers; et tout ce qui n'est point vers n'est point prose. Heu! voila ce que c'est d'étudier. Et toy, sçais-tu bien comme il faut faire pour dire un U?

NICOLE.

Comment?

MONSIEUR JOURDAIN.

Oüy. Qu'est-ce que tu fais quand tu dis un U?

NICOLE.

Quoy?

MONSIEUR JOURDAIN.

Dis un peu U pour voir.

NICOLE.

Hé bien, U.

MONSIEUR JOURDAIN.

Qu'est-ce que tu fais?

NICOLE.

Je dy U.

MONSIEUR JOURDAIN.

Oüy; mais, quand tu dis U, qu'est-ce que tu fais?

NICOLE.

Je fais ce que vous me dites.

MONSIEUR JOURDAIN.

O l'étrange chose que d'avoir à faire à des bestes! Tu allonges les levres en dehors, et aproches la machoire d'enhaut de celle d'enbas : U, vois-tu? U. Je fais la mouë. U.

NICOLE.

Oüy, cela est biau.

MADAME JOURDAIN.

Voila qui est admirable.

MONSIEUR JOURDAIN.

C'est bien autre chose, si vous aviez veu O, et DA, DA, et FA, FA.

MADAME JOURDAIN.

Qu'est-ce que c'est donc que tout ce galimatias-là?

NICOLE.

Dequoy est-ce que tout cela guerit?

MONSIEUR JOURDAIN.

J'enrage quand je voy des femmes ignorantes.

MADAME JOURDAIN.

Allez. Vous devriez envoyer promener tous ces gens-là avec leurs fariboles.

NICOLE.

Et sur tout ce grand escogrife de maistre d'armes, qui remplit de poudre tout mon menage.

MONSIEUR JOURDAIN.

Ouais! ce maistre d'armes vous tient fort au cœur. Je te veux faire voir ton impertinence tout-à-l'heure. (*Il fait aporter les fleurets et en donne un à Nicole.*) Tien. Raison démonstrative. La ligne du corps. Quand on pousse en quarte, on n'a qu'à faire cela; et, quand on pousse en tierce, on n'à qu'à faire cela. Voila le moyen de n'estre jamais tué; et cela n'est-il pas beau d'estre assuré de son fait, quand on se bat contre quelqu'un? Là, pousse-moy un peu pour voir.

NICOLE.

Hé bien, quoy? (*Nicole luy pousse plusieurs coups.*)

MONSIEUR JOURDAIN.

Tout-beau! Hola! oh! doucement! Diantre soit la coquine!

NICOLE.

Vous me dites de pousser.

MONSIEUR JOURDAIN.

Oüy; mais tu me pousses en tierce avant que de pousser en quarte, et tu n'as pas la patience que je pare.

MADAME JOURDAIN.

Vous estes fou, mon mary, avec toutes vos fantaisies, et cela vous est venu depuis que vous vous meslez de hanter la noblesse.

MONSIEUR JOURDAIN.

Lors que je hante la noblesse, je fais paroistre mon jugement; et cela est plus beau que de hanter vostre bourgeoisie.

MADAME JOURDAIN.

Çamon vrayment! Il y a fort à gagner à frequenter vos nobles, et vous avez bien operé avec ce beau monsieur le comte dont vous vous estes embeguiné.

MONSIEUR JOURDAIN.

Paix! Songez à ce que vous dites. Sçavez-vous bien, ma femme, que vous ne sçavez pas de qui vous parlez, quand vous parlez de luy? C'est une personne d'importance plus que vous ne pensez; un seigneur que l'on considere à la cour, et qui parle au roy tout comme je vous parle. N'est-ce pas une chose qui m'est tout-à-fait honorable que l'on voye venir chez moy si souvent une personne de cette qualité, qui m'apelle son cher amy et me traite comme si j'estois son égal? Il a pour moy des bontez qu'on ne devineroit jamais: et, devant tout le monde, il me fait des caresses dont je suis moy-mesme confus.

MADAME JOURDAIN.

Oüy, il a des bontez pour vous et vous fait des caresses, mais il vous emprunte vostre argent.

MONSIEUR JOURDAIN.

Hé bien! ne m'est-ce pas de l'honneur de prester de l'argent à un homme de cette condition-là? et puis-je faire moins pour un seigneur qui m'apelle son cher amy?

MADAME JOURDAIN.

Et ce seigneur, que fait-il pour vous?

MONSIEUR JOURDAIN.

Des choses dont on seroit étonné si on les sçavoit.

MADAME JOURDAIN.

Et quoy?

MONSIEUR JOURDAIN.

Baste, je ne puis pas m'expliquer. Il suffit que, si je luy ay presté de l'argent, il me le rendra bien, et avant qu'il soit peu.

MADAME JOURDAIN.

Oüy. Attendez-vous à cela.

MONSIEUR JOURDAIN.

Assurément. Ne me l'a-t-il pas dit?

MADAME JOURDAIN.

Oüy, oüy, il ne manquera pas d'y faillir.

MONSIEUR JOURDAIN.

Il m'a juré sa foy de gentilhomme.

MADAME JOURDAIN.

Chansons !

MONSIEUR JOURDAIN.

Oüais ! vous estes bien obstinée, ma femme ; je vous dy qu'il me tiendra parole, j'en suis seur.

MADAME JOURDAIN.

Et moy, je suis seûre que non, et que toutes les caresses qu'il vous fait ne sont que pour vous enjoler.

MONSIEUR JOURDAIN.

Taisez-vous. Le voicy.

MADAME JOURDAIN.

Il ne nous faut plus que cela. Il vient peut-estre encore vous faire quelque emprunt ; et il me semble que j'ay disné, quand je le voy.

MONSIEUR JOURDAIN.

Taisez-vous, vous dis-je.

SCENE IV.

DORANTE, MONSIEUR JOURDAIN, MADAME JOURDAIN, NICOLE.

DORANTE.

Mon cher amy, Monsieur Jourdain, comment vous portez-vous ?

MONSIEUR JOURDAIN.

Fort-bien, Monsieur, pour vous rendre mes petits services.

DORANTE.

Et madame Jourdain que voila, comment se porte-t-elle?

MADAME JOURDAIN.

Madame Jourdain se porte comme elle peut.

DORANTE.

Comment! Monsieur Jourdain, vous voila le plus propre du monde!

MONSIEUR JOURDAIN.

Vous voyez.

DORANTE.

Vous avez tout-à-fait bon air avec cet habit, et nous n'avons point de jeunes gens à la cour qui soient mieux faits que vous.

MONSIEUR JOURDAIN.

Hay! hay!

MADAME JOURDAIN, [*à part*].

Il le grate par où il se demange.

DORANTE.

Tournez-vous. Cela est tout-à-fait galant.

MADAME JOURDAIN, [*à part*].

Oüy, aussi sot par derriere que par devant.

DORANTE.

Ma foy, Monsieur Jourdain, j'avois une impatience étrange de vous voir. Vous estes l'homme du monde que j'estime le plus, et je parlois de vous encore ce matin dans la chambre du Roy.

MONSIEUR JOURDAIN.

Vous me faites beaucoup d'honneur, Monsieur. (*A madame Jourdain.*) Dans la chambre du Roy!

DORANTE.

Allons, mettez...

MONSIEUR JOURDAIN.

Monsieur, je sçay le respect que je vous doy.

DORANTE.

Mon Dieu, mettez ; point de cérémonie entre nous, je vous prie.

MONSIEUR JOURDAIN.

Monsieur...

DORANTE.

Mettez, vous dis-je, Monsieur Jourdain, vous estes mon amy.

MONSIEUR JOURDAIN.

Monsieur, je suis vostre serviteur.

DORANTE.

Je ne me couvriray point, si vous ne vous couvrez.

MONSIEUR JOURDAIN.

J'aime mieux estre incivil qu'importun.

DORANTE.

Je suis vostre débiteur, comme vous le sçavez.

MADAME JOURDAIN, [*à part*].

Oüy, nous ne le sçavons que trop.

DORANTE.

Vous m'avez genereusement presté de l'argent en plusieurs occasions, et vous m'avez obligé de la meilleure grace du monde, assurément.

MONSIEUR JOURDAIN.

Monsieur, vous vous moquez.

DORANTE.

Mais je sçais rendre ce qu'on me preste, et reconnoistre les plaisirs qu'on me fait.

MONSIEUR JOURDAIN.

Je n'en doute point, Monsieur.

DORANTE.

Je veux sortir d'affaire avec vous, et je viens icy pour faire nos comptes ensemble.

MONSIEUR JOURDAIN, [*bas à Mme Jourdain*].

Hé bien! vous voyez vostre impertinence, ma femme.

DORANTE.

Je suis homme qui aime à m'acquitter le plutost que je puis.

MONSIEUR JOURDAIN, [*bas à Mme Jourdain*].

Je vous le disois bien.

DORANTE.

Voyons un peu ce que je vous doy.

MONSIEUR JOURDAIN, [*bas à Mme Jourdain*].

Vous voila, avec vos soupçons ridicules.

DORANTE.

Vous souvenez-vous bien de tout l'argent que vous m'avez presté?

MONSIEUR JOURDAIN.

Je croy que oüy. J'en ay fait un petit memoire. Le voicy. Donné à vous une fois deux cens loüis.

DORANTE.

Cela est vray.

MONSIEUR JOURDAIN.

Une autre fois, six-vingts.

DORANTE.

Oüy.

MONSIEUR JOURDAIN.

Et une autre fois, cent quarante.

DORANTE.

Vous avez raison.

MONSIEUR JOURDAIN.

Ces trois articles font quatre cens soixante loüis, qui valent cinq mille soixante livres.

DORANTE.

Le compte est fort bon. Cinq mille soixante livres.

MONSIEUR JOURDAIN.

Mille huit cens trente-deux livres à vostre plumassier.

DORANTE.

Justement.

MONSIEUR JOURDAIN.

Deux mille sept cens quatre-vingts livres à vostre tailleur.

DORANTE.

Il est vray.

MONSIEUR JOURDAIN.

Quatre mille trois cens septante-neuf livres douze sols huit deniers à vostre marchand.

DORANTE.

Fort-bien. Douze sols huit deniers; le compte est juste.

MONSIEUR JOURDAIN.

Et mille sept cens quarante-huit livres sept sols quatre deniers à vostre sellier.

DORANTE.

Tout cela est veritable. Qu'est-ce que cela fait?

MONSIEUR JOURDAIN.

Somme totale, quinze mille huit cens livres.

DORANTE.

Somme totale et juste : quinze mille huit cens livres. Mettez encore deux cens pistoles que vous m'allez donner, cela fera justement dix-huit mille francs, que je vous payeray au premier jour.

MADAME JOURDAIN, [*bas à M. Jourdain*].

Hé bien! ne l'avois-je pas bien deviné?

MONSIEUR JOURDAIN, [*bas à Mme Jourdain*].

Paix!

DORANTE.

Cela vous incommodera-t-il, de me donner ce que je vous dis?

MONSIEUR JOURDAIN.

Eh, non!

MADAME JOURDAIN, [*bas à M. Jourdain*].

Cet homme-là fait de vous une vache à lait.

MONSIEUR JOURDAIN, [*bas à Mme Jourdain*].

Taisez-vous!

DORANTE.

Si cela vous incommode, j'en iray chercher ailleurs.

MONSIEUR JOURDAIN.

Non, Monsieur.

MADAME JOURDAIN, [*bas à M. Jourdain*].

Il ne sera pas content qu'il ne vous ait ruiné.

MONSIEUR JOURDAIN, [*bas à Mme Jourdain*].

Taisez-vous, vous dis-je.

DORANTE.

Vous n'avez qu'à me dire si cela vous embarasse.

MONSIEUR JOURDAIN.

Point, Monsieur.

MADAME JOURDAIN, [*bas à M. Jourdain*].

C'est un vray enjoleux.

MONSIEUR JOURDAIN, [*bas à Mme Jourdain*].
Taisez-vous donc.

MADAME JOURDAIN, [*bas à M. Jourdain*].
Il vous sucera jusqu'au dernier sou.

MONSIEUR JOURDAIN, [*bas à Mme Jourdain*].
Vous tairez-vous?

DORANTE.

J'ay force gens qui m'en presteroient avec joye; mais, comme vous estes mon meilleur amy, j'ay crû que je vous ferois tort si j'en demandois à quelqu'autre.

MONSIEUR JOURDAIN.

C'est trop d'honneur, Monsieur, que vous me faites. Je vay querir vostre affaire.

MADAME JOURDAIN, [*bas à M. Jourdain*].
Quoy! vous allez encor luy donner cela?

MONSIEUR JOURDAIN, [*bas à Mme Jourdain*].
Que faire? Voulez-vous que je refuse un homme de cette condition-là, qui a parlé de moy ce matin dans la chambre du Roy?

MADAME JOURDAIN, [*bas à M. Jourdain*].
Allez, vous estes une vraye dupe.

SCENE V.

DORANTE, MADAME JOURDAIN, NICOLE.

DORANTE.

Vous me semblez toute mélancolique. Qu'avez-vous, Madame Jourdain?

MADAME JOURDAIN.

J'ay la teste plus grosse que le poing, et si elle n'est pas enflée.

DORANTE.

Mademoiselle vostre fille, où est-elle, que je ne la voy point?

MADAME JOURDAIN.

Mademoiselle ma fille est bien où elle est.

DORANTE.

Comment se porte-t-elle?

MADAME JOURDAIN.

Elle se porte sur ses deux jambes.

DORANTE.

Ne voulez-vous point un de ces jours venir voir avec elle le ballet et la comedie que l'on fait chez le Roy?

MADAME JOURDAIN.

Oüy vrayment, nous avons fort envie de rire, fort envie de rire nous avons.

DORANTE.

Je pense, Madame Jourdain, que vous avez eu bien des amans dans vostre jeune âge, belle et d'agreable humeur comme vous estiez.

MADAME JOURDAIN.

Tredame! Monsieur, est-ce que madame Jourdain est décrépite, et la teste luy groüille-t-elle déja?

DORANTE.

Ah! ma foy, Madame Jourdain, je vous demande pardon. Je ne songeois pas que vous estes jeune, et je resve le plus souvent. Je vous prie d'excuser mon impertinence.

SCENE VI.

MONSIEUR JOURDAIN, MADAME JOURDAIN, DORANTE, NICOLE.

MONSIEUR JOURDAIN.

Voila deux cens loüis bien comptez.

DORANTE.

Je vous assure, Monsieur Jourdain, que je suis tout à vous, et que je brûle de vous rendre un service à la cour.

MONSIEUR JOURDAIN.

Je vous suis trop obligé.

DORANTE.

Si madame Jourdain veut voir le divertissement royal, je luy feray donner les meilleures places de la salle.

MADAME JOURDAIN.

Madame Jourdain vous baise les mains.

DORANTE, *bas à monsieur Jourdain.*

Nostre belle marquise, comme je vous ay mandé par mon billet, viendra tantost icy pour le ballet et le repas; et je l'ay fait consentir enfin au cadeau que vous luy voulez donner.

MONSIEUR JOURDAIN.

Tirons-nous un peu plus loin, pour cause.

DORANTE.

Il y a huit jours que je ne vous ay veu, et je ne

vous ay point mandé de nouvelles du diamant que vous me mistes entre les mains pour luy en faire present de vostre part; mais c'est que j'ay eu toutes les peines du monde à vaincre son scrupule, et ce n'est que d'aujourd'huy qu'elle s'est resolüe à l'accepter.

MONSIEUR JOURDAIN.

Comment l'a-t-elle trouvé?

DORANTE.

Merveilleux; et je me trompe fort, ou la beauté de ce diamant fera pour vous sur son esprit un effet admirable.

MONSIEUR JOURDAIN.

Plût au Ciel!

MADAME JOURDAIN, [*à Nicole*].

Quand il est une fois avec luy, il ne peut le quitter.

DORANTE.

Je luy ay fait valoir comme il faut la richesse de ce present et la grandeur de vostre amour.

MONSIEUR JOURDAIN.

Ce sont, Monsieur, des bontez qui m'accablent; et je suis dans une confusion la plus grande du monde de voir une personne de vostre qualité s'abaisser pour moy à ce que vous faites.

DORANTE.

Vous mocquez-vous? Est-ce qu'entre amis on s'arreste à ces sortes de scrupules? Et ne feriez-vous pas pour moy la mesme chose, si l'occasion s'en offroit?

MONSIEUR JOURDAIN.

Ho! assurément, et de tres-grand cœur.

MADAME JOURDAIN, [*à Nicole*].

Que sa presence me pese sur les épaules!

DORANTE.

Pour moy, je ne regarde rien, quand il faut servir un amy; et, lors que vous me fistes confidence de l'ardeur que vous aviez prise pour cette marquise agreable chez qui j'avois commerce, vous vistes que d'abord je m'offris de moy-mesme à servir vostre amour.

MONSIEUR JOURDAIN.

Il est vray, ce sont des bontez qui me confondent.

MADAME JOURDAIN, [*à Nicole*].

Est-ce qu'il ne s'en ira point?

NICOLE.

Ils se trouvent bien ensemble.

DORANTE.

Vous avez pris le bon biais pour toucher son cœur. Les femmes aiment sur tout les dépenses qu'on fait pour elles; et vos frequentes serenades, et vos bouquets continuels, ce superbe feu d'artifice qu'elle trouva sur l'eau, le diamant qu'elle a receu de vostre part, et le cadeau que vous luy preparez, tout cela luy parle bien mieux en faveur de vostre amour que toutes les paroles que vous auriez pû luy dire vous-mesme.

MONSIEUR JOURDAIN.

Il n'y a point de dépenses que je ne fisse, si par là je pouvois trouver le chemin de son cœur. Une femme de qualité a pour moy des charmes ravissans, et c'est un honneur que j'acheterois au prix de toute chose.

MADAME JOURDAIN, [*à Nicole*].

Que peuvent-ils tant dire ensemble? Va-t-en un peu tout doucement prester l'oreille.

DORANTE.

Ce sera tantost que vous joüirez à vostre aise du plaisir de sa veuë, et vos yeux auront tout le temps de se satisfaire.

MONSIEUR JOURDAIN.

Pour estre en pleine liberté, j'ay fait en sorte que ma femme ira disner chez ma sœur, où elle passera toute l'apres-disnée.

DORANTE.

Vous avez fait prudemment, et vostre femme auroit pû nous embarasser. J'ay donné pour vous l'ordre qu'il faut au cuisinier, et à toutes les choses qui sont necessaires pour le ballet. Il est de mon invention, et, pourveu que l'execution puisse répondre à l'idée, je suis seur qu'il sera trouvé...

MONSIEUR JOURDAIN *s'aperçoit que Nicole écoute, et luy donne un souflet.*

Oüais! vous estes bien impertinente! [*A Dorante.*] Sortons, s'il vous plaist.

SCENE VII.

MADAME JOURDAIN, NICOLE.

NICOLE.

Ma foy, Madame, la curiosité m'a cousté quelque chose; mais je croy qu'il y a quelque anguille sous roche, et ils parlent de quelque affaire où ils ne veulent pas que vous soyez.

MADAME JOURDAIN.

Ce n'est pas d'aujourd'huy, Nicole, que j'ay conceu des soupçons de mon mary. Je suis la plus trompée du monde, ou il y a quelque amour en campagne, et je travaille à découvrir ce que ce peut estre. Mais songeons à ma fille. Tu sçais l'amour que Cleonte a pour elle. C'est un homme qui me revient, et je veux aider sa recherche, et luy donner Lucile, si je puis.

NICOLE.

En verité, Madame, je suis la plus ravie du monde de vous voir dans ces sentimens : car, si le maistre vous revient, le valet ne me revient pas moins, et je souhaiterois que nostre mariage se pût faire à l'ombre du leur.

MADAME JOURDAIN.

Va-t-en luy parler de ma part, et luy dire que tout-à-l'heure il me vienne trouver pour faire ensemble à mon mary la demande de ma fille.

NICOLE.

J'y cours, Madame, avec joye, et je ne pouvois recevoir une commission plus agreable. [*Seule.*] Je vay, je pense, bien réjoüir les gens.

SCENE VIII.

CLEONTE, COVIELLE, NICOLE.

NICOLE.

Ah! vous voila tout à propos. Je suis une ambassadrice de joye, et je viens...

CLEONTE.

Retire-toy, perfide, et ne me vien point amuser avec tes traistresses paroles.

NICOLE.

Est-ce ainsi que vous recevez...

CLEONTE.

Retire-toy, te dis-je, et va-t-en dire de ce pas à ton infidelle maistresse qu'elle n'abusera de sa vie le trop simple Cleonte.

NICOLE.

Quel vertigo est-ce donc là? Mon pauvre Covielle, dy-moy un peu ce que cela veut dire.

COVIELLE.

Ton pauvre Covielle, petite scelérate! Allons, viste, oste-toy de mes yeux, vilaine, et me laisse en repos.

NICOLE.

Quoy! tu me viens aussi...

COVIELLE.

Oste-toy de mes yeux, te dis-je, et ne me parle de ta vie.

NICOLE.

Oüais! Quelle mouche les a piquez tous deux? Allons de cette belle histoire informer ma maistresse.

SCENE IX.

CLEONTE, COVIELLE.

CLEONTE.

Quoy! traitter un amant de la sorte? et un amant le plus fidelle et le plus passionné de tous les amans?

COVIELLE.

C'est une chose épouvantable que ce qu'on nous fait à tous deux.

CLEONTE.

Je fais voir pour une personne toute l'ardeur et toute la tendresse qu'on peut imaginer; je n'aime rien au monde qu'elle, et je n'ay qu'elle dans l'esprit; elle fait tous mes soins, tous mes desirs, toute ma joye; je ne parle que d'elle, je ne pense qu'à elle, je ne fais des songes que d'elle, je ne respire que par elle, mon cœur vit tout en elle: et voila de tant d'amitié la digne récompense! Je suis deux jours sans la voir, qui sont pour moy deux siecles effroyables; je la rencontre par hazard; mon cœur à cette veuë se sent tout transporté, ma joye éclate sur mon visage; je vole avec ravissement vers elle, et l'infidelle détourne de moy ses regards, et passe brusquement comme si de sa vie elle ne m'avoit veu !

COVIELLE.

Je dis les mesmes choses que vous.

CLEONTE.

Peut-on rien voir d'égal, Covielle, à cette perfidie de l'ingrate Lucile?

COVIELLE.

Et à celle, Monsieur, de la pendarde de Nicole?

CLEONTE.

Aprés tant de sacrifices ardans, de soûpirs et de vœux que j'ay faits à ses charmes!

COVIELLE.

Aprés tant d'assidus hommages, de soins et de services que je luy ay rendus dans sa cuisine!

CLEONTE.

Tant de larmes que j'ay versées à ses genoux!

COVIELLE.

Tant de seaux d'eau que j'ay tirez au puits pour elle !

CLEONTE.

Tant d'ardeur que j'ay fait paroistre à la chérir plus que moy-mesme!

COVIELLE.

Tant de chaleur que j'ay soufferte à tourner la broche à sa place!

CLEONTE.

Elle me fuit avec mépris!

COVIELLE.

Elle me tourne le dos avec effronterie!

CLEONTE.

C'est une perfidie digne des plus grands chastimens.

COVIELLE.

C'est une trahison à meriter mille souflets.

CLEONTE.

Ne t'avise point, je te prie, de me parler jamais pour elle.

COVIELLE.

Moy, Monsieur? Dieu m'en garde!

CLEONTE.

Ne vien point m'excuser l'action de cette infidelle.

COVIELLE.

N'ayez pas peur.

CLEONTE.

Non, vois-tu, tous tes discours pour la defendre ne serviront de rien.

COVIELLE.

Qui songe à cela?

CLEONTE.

Je veux contr'elle conserver mon ressentiment et rompre ensemble tout commerce.

COVIELLE.

J'y consens.

CLEONTE.

Ce monsieur le comte qui va chez elle luy donne peut-estre dans la veuë; et son esprit, je le voy bien, se laisse éblouïr à la qualité. Mais il me faut, pour mon honneur, prévenir l'éclat de son inconstance. Je veux faire autant de pas qu'elle au changement où je la voy courir et ne luy laisser pas toute la gloire de me quitter.

COVIELLE.

C'est fort bien dit, et j'entre pour mon compte dans tous vos sentimens.

CLEONTE.

Donne la main à mon dépit, et soûtien ma resolution contre tous les restes d'amour qui me pourroient parler pour elle. Dy-m'en, je t'en conjure, tout le mal que tu pourras. Fais moy de sa personne une peinture qui me la rende méprisable; et marque-moy bien, pour m'en dégouster, tous les defauts que tu peux voir en elle.

COVIELLE.

Elle, Monsieur? Voila une belle mijaurée, une pimpe-soüée bien bastie, pour vous donner tant d'amour! Je ne luy voy rien que de tres-médiocre, et vous trouverez cent personnes qui seront plus dignes de vous. Premierement, elle a les yeux petits.

CLEONTE.

Cela est vray, elle a les yeux petits; mais elle les a pleins de feux, les plus brillans, les plus perçans du monde, les plus touchans qu'on puisse voir.

COVIELLE.

Elle a la bouche grande.

CLEONTE.

Oüy; mais on y voit des graces qu'on ne voit point aux autres bouches; et cette bouche, en la voyant, inspire des desirs, est la plus attrayante, la plus amoureuse du monde.

COVIELLE.

Pour sa taille, elle n'est pas grande.

CLEONTE.

Non; mais elle est aisée et bien prise.

COVIELLE.

Elle affecte une nonchalance dans son parler et dans ses actions.

CLEONTE.

Il est vray; mais elle a grace à tout cela, et ses manieres sont engageantes, ont je ne sçay quel charme à s'insinuer dans les cœurs.

COVIELLE.

Pour de l'esprit...

CLEONTE.

Ah! elle en a, Covielle, du plus fin, du plus délicat.

COVIELLE.

Sa conversation...

CLEONTE.

Sa conversation est charmante.

COVIELLE.

Elle est toûjours sérieuse.

CLEONTE.

Veux-tu de ces enjoûmens épanoüis, de ces joyes toûjours ouvertes? et vois-tu rien de plus impertinent que des femmes qui rient à tout propos?

COVIELLE.

Mais enfin elle est capricieuse autant que personne du monde.

CLEONTE.

Oüy, elle est capricieuse, j'en demeure d'accord;

mais tout sied bien aux belles, on souffre tout des belles.

COVIELLE.

Puisque cela va comme cela, je voy bien que vous avez envie de l'aimer toûjours.

CLEONTE.

Moy, j'aimerois mieux mourir ; et je vay la haïr autant que je l'ay aimée.

COVIELLE.

Le moyen, si vous la trouvez si parfaite?

CLEONTE.

C'est en quoy ma vengeance sera plus éclatante, en quoy je veux faire mieux voir la force de mon cœur, à la haïr, à la quitter, toute belle, toute pleine d'attraits, toute aimable que je la trouve. La voicy.

SCENE X.

CLEONTE, LUCILE, COVIELLE, NICOLE.

NICOLE.

Pour moy, j'en ay esté toute scandalisée.

LUCILE.

Ce ne peut estre, Nicole, que ce que je te dis. Mais le voila.

CLEONTE.

Je ne veux pas seulement luy parler.

COVIELLE.

Je veux vous imiter.

LUCILE.

Qu'est-ce donc, Cleonte? qu'avez-vous?

NICOLE.

Qu'as-tu donc, Covielle?

LUCILE.

Quel chagrin vous possede?

NICOLE.

Quelle mauvaise humeur te tient?

LUCILE.

Estes-vous muet, Cleonte?

NICOLE.

As-tu perdu la parole, Covielle?

CLEONTE.

Que voila qui est scelerat!

COVIELLE.

Que cela est Judas!

LUCILE.

Je voy bien que la rencontre de tantost a troublé vostre esprit.

CLEONTE.

Ah! ah! on voit ce qu'on a fait.

NICOLE.

Nostre accueil de ce matin t'a fait prendre la chevre.

COVIELLE.

On a deviné l'encloüeure.

LUCILE.

N'est-il pas vray, Cleonte, que c'est là le sujet de vostre dépit?

CLEONTE.

Oüy, perfide, ce l'est, puis qu'il faut parler; et j'ay à vous dire que vous ne triompherez pas comme vous pensez de vostre infidelité, que je veux estre le premier à rompre avecque vous, et que vous n'aurez pas l'avantage de me chasser. J'auray de la peine sans doute à vaincre l'amour que j'ay pour vous; cela me causera des chagrins. Je souffriray un temps; mais j'en viendray à bout, et je me perceray plutost le cœur que d'avoir la foiblesse de retourner à vous.

COVIELLE.

Queussy, queumy.

LUCILE.

Voila bien du bruit pour un rien. Je veux vous dire, Cleonte, le sujet qui m'a fait ce matin éviter vostre abord.

CLEONTE.

Non, je ne veux rien écouter.

NICOLE.

Je te veux aprendre la cause qui nous a fait passer si viste.

COVIELLE.

Je ne veux rien entendre.

LUCILE.

Sçachez que ce matin...

CLEONTE.

Non, vous dis-je.

NICOLE.

Aprens que...

COVIELLE.

Non, traistresse.

LUCILE.

Ecoutez.

CLEONTE.

Point d'affaire.

NICOLE.

Laisse-moy dire.

COVIELLE.

Je suis sourd.

LUCILE.

Cleonte!

CLEONTE.

Non.

NICOLE.

Covielle!

COVIELLE.

Point.

LUCILE.

Arrestez.

CLEONTE.

Chansons!

NICOLE.

Entens-moy.

COVIELLE.

Bagatelles!

LUCILE.

Un moment.

CLEONTE.

Point du tout.

NICOLE

Un peu de patience.

COVIELLE.

Tarare.

LUCILE.

Deux paroles.

CLEONTE.

Non, c'en est ſait.

NICOLE.

Un mot.

COVIELLE.

Plus de commerce.

LUCILE.

Hé bien, puis que vous ne voulez pas m'écouter, demeurez dans voſtre penſée, et faites ce qu'il vous plaira.

NICOLE.

Puis que tu fais comme cela, prens-le tout comme tu voudras.

CLEONTE.

Sçachons donc le ſujet d'un ſi bel accueil.

LUCILE.

Il ne me plaiſt plus de le dire.

COVIELLE.

Aprens-nous un peu cette hiſtoire.

NICOLE.

Je ne veux plus, moy, te l'aprendre.

CLEONTE.

Dites-moy...

LUCILE.

Non, je ne veux rien dire.

COVIELLE.

Conte-moy...

NICOLE.

Non, je ne conte rien.

CLEONTE.

De grace...

LUCILE.

Non, vous dy-je.

COVIELLE.

Par charité.

NICOLE.

Point d'affaire.

CLEONTE.

Je vous en prie.

LUCILE.

Laissez-moy.

COVIELLE.

Je t'en conjure.

NICOLE.

Oste-toy de là.

CLEONTE.

Lucile!

LUCILE.

Non.

COVIELLE.

Nicole!

NICOLE.

Point.

CLEONTE.

Au nom des dieux!...

LUCILE.

Je ne veux pas.

COVIELLE.

Parle-moy.

NICOLE.

Point du tout.

CLEONTE.

Eclaircissez mes doutes.

LUCILE.

Non, je n'en feray rien.

COVIELLE.

Gueris-moy l'esprit.

NICOLE.

Non, il ne me plaist pas.

CLEONTE.

Hé bien, puis que vous vous souciez si peu de me tirer de peine et de vous justifier du traittement indigne que vous avez fait à ma flâme, vous me voyez, ingrate, pour la derniere fois, et je vay loin de vous mourir de douleur et d'amour.

COVIELLE.

Et moy, je vay suivre ses pas.

LUCILE.

Cleonte!

NICOLE.

Covielle!

CLEONTE.

Eh?

COVIELLE.

Plaist-il?

LUCILE.

Où allez-vous?

CLEONTE.

Où je vous ay dit.

COVIELLE.

Nous allons mourir.

LUCILE.

Vous allez mourir, Cleonte?

CLEONTE.

Oüy, cruelle, puis que vous le voulez.

LUCILE.

Moy, je veux que vous mouriez ?

CLEONTE.

Oüy, vous le voulez.

LUCILE.

Qui vous le dit ?

CLEONTE.

N'est-ce pas le vouloir que de ne vouloir pas éclaircir mes soupçons?

LUCILE.

Est-ce ma faute ? Et, si vous aviez voulu m'écouter, ne vous aurois-je pas dit que l'avanture dont vous vous plaignez a esté causée ce matin par la presence d'une vieille tante qui veut, à toute force, que la seule aproche d'un homme des-honore une fille? qui perpetuellement nous sermone sur ce chapitre, et nous figure tous les hommes comme des diables qu'il faut fuir?

NICOLE.

Voila le secret de l'affaire.

CLEONTE.

Ne me trompez-vous point, Lucile?

COVIELLE.

Ne m'en donnes-tu point à garder?

LUCILE.

Il n'est rien de plus vray.

NICOLE.

C'est la chose comme elle est.

COVIELLE.

Nous rendrons-nous à cela?

CLEONTE.

Ah! Lucile, qu'avec un mot de vostre bouche

vous sçavez apaiser de choses dans mon cœur, et que facilement on se laisse persuader aux personnes qu'on aime !

COVIELLE.

Qu'on est aisément amadoüé par ces diantres d'animaux-là !

SCENE XI.

MADAME JOURDAIN, CLEONTE, LUCILE, COVIELLE, NICOLE.

MADAME JOURDAIN.

Je suis bien aise de vous voir, Cleonte, et vous voila tout à propos. Mon mary vient, prenez viste vostre temps pour luy demander Lucile en mariage.

CLEONTE.

Ah ! Madame, que cette parole m'est douce et qu'elle flate mes desirs ! Pouvois-je recevoir un ordre plus charmant, une faveur plus précieuse ?

SCENE XII.

MONSIEUR JOURDAIN, MADAME JOURDAIN, CLEONTE, LUCILE, COVIELLE, NICOLE.

CLEONTE.

Monsieur, je n'ay voulu prendre personne pour vous faire une demande que je médite il y a longtemps. Elle me touche assez pour m'en charger moy-mesme ; et, sans autre détour, je vous diray que l'honneur d'estre vostre gendre est une faveur glorieuse que je vous prie de m'accorder.

MONSIEUR JOURDAIN.

Avant que de vous rendre réponse, Monsieur, je vous prie de me dire si vous estes gentilhomme.

CLEONTE.

Monsieur, la pluspart des gens sur cette question n'hesitent pas beaucoup. On tranche le mot aisément. Ce nom ne fait aucun scrupule à prendre, et l'usage aujourd'huy semble en authoriser le vol. Pour moy, je vous l'avouë, j'ay les sentimens sur cette matiere un peu plus délicats. Je trouve que toute imposture est indigne d'un honneste homme, et qu'il y a de la lâcheté à déguiser ce que le Ciel nous a fait naistre, à se parer aux yeux du monde d'un titre dérobé, à se vouloir donner pour ce qu'on n'est pas. Je suis né de parens, sans doute, qui ont tenu des charges honorables. Je me suis acquis dans les armes l'honneur de six ans de services, et je me trouve assez de bien pour tenir dans le monde un rang assez passable ; mais avec tout cela je ne veux point me donner un nom où d'autres en ma place croiroient pouvoir pretendre, et je vous diray franchement que je ne suis point gentilhomme.

MONSIEUR JOURDAIN.

Touchez là, Monsieur. Ma fille n'est pas pour vous.

CLEONTE.

Comment?

MONSIEUR JOURDAIN.

Vous n'estes point gentilhomme, vous n'aurez pas ma fille.

MADAME JOURDAIN.

Que voulez-vous donc dire avec vostre gentilhomme? Est-ce que nous sommes, nous autres, de la coste de saint Loüis?

MONSIEUR JOURDAIN.

Taisez-vous, ma femme, je vous voy venir.

MADAME JOURDAIN.

Descendons-nous tous deux que de bonne bourgeoisie?

MONSIEUR JOURDAIN.

Voila pas le coup de langue!

MADAME JOURDAIN.

Et vostre pere n'estoit-il pas marchand aussi bien que le mien?

MONSIEUR JOURDAIN.

Peste soit de la femme! Elle n'y a jamais manqué. Si vostre pere a esté marchand, tant-pis pour luy; mais, pour le mien, ce sont des malavisez qui disent cela. Tout ce que j'ay à vous dire, moy, c'est que je veux avoir un gendre gentilhomme.

MADAME JOURDAIN.

Il faut à vostre fille un mary qui luy soit propre, et il vaut mieux pour elle un honneste homme riche et bien fait qu'un gentilhomme gueux et mal basty.

NICOLE.

Cela est vray. Nous avons le fils du gentilhomme de nostre village qui est le plus grand malitorne et le plus sot dadais que j'aye jamais veu.

MONSIEUR JOURDAIN.

Taisez-vous, impertinente! vous vous fourrez toûjours dans la conversation. J'ay du bien assez pour ma fille, je n'ay besoin que d'honneur, et je la veux faire marquise.

MADAME JOURDAIN.

Marquise!

MONSIEUR JOURDAIN.

Oüy, marquise.

MADAME JOURDAIN.

Helas! Dieu m'en garde!

MONSIEUR JOURDAIN.

C'est une chose que j'ay resoluë.

MADAME JOURDAIN.

C'est une chose, moy, où je ne consentiray point. Les alliances avec plus grand que soy sont sujettes toûjours à de fâcheux inconveniens. Je ne veux point qu'un gendre puisse à ma fille reprocher ses parens, et qu'elle ait des enfans qui ayent honte de m'appeler leur grand-maman. S'il falloit qu'elle me vînt visiter en equipage de grand-dame, et qu'elle manquât par mégarde à salüer quelqu'un du quartier, on ne manqueroit pas aussi tost de dire cent sottises. « Voyez-vous, diroit-on, cette madame la marquise qui fait tant la glorieuse? C'est la fille de monsieur Jourdain, qui estoit trop heureuse, estant petite, de joüer à la madame avec nous : elle n'a pas toûjours esté si relevée que la voila ; et ses deux grand-peres vendoient du drap auprés de la Porte Saint Innocent. Ils ont amassé du bien à leurs enfans, qu'ils payent maintenant, peut-estre, bien cher en l'autre monde, et l'on ne devient gueres si riches à estre honnestes gens. » Je ne veux point tous ces caquets, et je veux un homme, en un mot, qui m'ait obligation de ma fille, et à qui je puisse dire : « Mettez-vous là, mon gendre, et disnez avec moy. »

MONSIEUR JOURDAIN.

Voila bien les sentimens d'un petit esprit, de vouloir demeurer toûjours dans la bassesse. Ne me repliquez pas davantage : ma fille sera marquise en dépit de tout le monde ; et, si vous me mettez en colere, je la feray duchesse.

MADAME JOURDAIN.

Cleonte, ne perdez point courage encore. Suivez-moy, ma fille, et venez dire résolument à vostre pere que, si vous ne l'avez, vous ne voulez épouser personne.

SCENE XIII.

CLEONTE, COVIELLE.

COVIELLE.

Vous avez fait de belles affaires, avec vos beaux sentimens.

CLEONTE.

Que veux-tu? J'ay un scrupule là-dessus que l'exemple ne sçauroit vaincre.

COVIELLE.

Vous moquez-vous, de le prendre sérieusement avec un homme comme cela? Ne voyez-vous pas qu'il est fou? et vous coustoit-il quelque chose de vous accommoder à ses chimeres?

CLEONTE.

Tu as raison; mais je ne croyois pas qu'il fallût faire ses preuves de noblesse pour estre gendre de monsieur Jourdain.

COVIELLE.

Ah! ah! ah!

CLEONTE.

Dequoy ris-tu?

COVIELLE.

D'une pensée qui me vient pour joüer nostre homme et vous faire obtenir ce que vous souhaitez.

CLEONTE.

Comment?

COVIELLE.

L'idée est tout-à-fait plaisante.

CLEONTE.

Quoy donc?

COVIELLE.

Il s'est fait depuis peu une certaine mascarade qui vient le mieux du monde icy, et que je prétens faire entrer dans une bourle que je veux faire à nostre ridicule. Tout cela sent un peu sa comedie; mais, avec luy, on peut hazarder toute chose, il n'y faut point chercher tant de façons, et il est homme à y joüer son rôle à merveille, à donner aisément dans toutes les fariboles qu'on s'avisera de luy dire. J'ay les acteurs, j'ay les habits tout prests, laissez-moy faire seulement.

CLEONTE.

Mais aprens-moy...

COVIELLE.

Je vais vous instruire de tout; retirons-nous, le voila qui revient.

SCENE XIV.

MONSIEUR JOURDAIN, LAQUAIS.

MONSIEUR JOURDAIN.

Que diable est-ce là? Ils n'ont rien que les grands

seigneurs à me reprocher, et moy je ne vois rien de si beau que de hanter les grands seigneurs ; il n'y a qu'honneur et que civilité avec eux, et je voudrois qu'il m'eust cousté deux doigts de la main et estre né comte ou marquis.

LAQUAIS.

Monsieur, voicy monsieur le comte, et une dame qu'il mene par la main.

MONSIEUR JOURDAIN.

Hé ! mon Dieu, j'ay quelques ordres à donner. Dy-leur que je vais venir icy tout-à-l'heure.

SCENE XV.

DORIMENE, DORANTE, LAQUAIS.

LAQUAIS.

Monsieur dit comme cela qu'il va venir icy tout-à-l'heure.

DORANTE.

Voila qui est bien.

DORIMENE.

Je ne sçay pas, Dorante ; je fais encore icy une étrange démarche, de me laisser amener par vous dans une maison où je ne connois personne.

DORANTE.

Quel lieu voulez-vous donc, Madame, que mon amour choisisse pour vous régaler, puis que, pour fuir l'éclat, vous ne voulez ny vostre maison, ny la mienne ?

DORIMENE.

Mais vous ne dites pas que je m'engage insensiblement chaque jour, à recevoir de trop grands témoignages de vostre passion? J'ay beau me defendre des choses, vous fatiguez ma resistance, et vous avez une civile opiniâtreté qui me fait venir doucement à tout ce qu'il vous plaist. Les visites frequentes ont commencé; les declarations sont venuës en suite, qui aprés elles ont traisné les serenades et les cadeaux, que les presens ont suivy. Je me suis oposée à tout cela, mais vous ne vous rebutez point, et pied à pied vous gagnez mes resolutions. Pour moy, je ne puis plus répondre de rien, et je croy qu'à la fin vous me ferez venir au mariage, dont je me suis tant éloignée.

DORANTE.

Ma foy, Madame, vous y devriez déja estre. Vous estes veuve, et ne dépendez que de vous. Je suis maistre de moy, et vous aime plus que ma vie. A quoy tient-il que dés aujourd'huy vous ne fassiez tout mon bonheur?

DORIMENE.

Mon Dieu, Dorante, il faut des deux parts bien des qualitez pour vivre heureusement ensemble; et les deux plus raisonnables personnes du monde ont souvent peine à composer une union dont ils soient satisfaits.

DORANTE.

Vous vous moquez, Madame, de vous y figurer tant de difficultez; et l'experience que vous avez faite ne conclut rien pour tous les autres.

DORIMENE.

Enfin j'en reviens toûjours là. Les dépenses que je vous voy faire pour moy m'inquietent par deux raisons : l'une, qu'elles m'engagent plus que je ne voudrois ; et l'autre, que je suis seûre, sans vous déplaire, que vous ne les faites point que vous ne vous incommodiez ; et je ne veux point cela.

DORANTE.

Ah ! Madame, ce sont des bagatelles, et ce n'est pas par là...

DORIMENE.

Je sçay ce que je dy ; et entr'autres le diamant que vous m'avez forcée à prendre est d'un prix...

DORANTE.

Eh ! Madame, de grace, ne faites point tant valoir une chose que mon amour trouve indigne de vous, et souffrez... Voicy le maistre du logis.

SCENE XVI.

MONSIEUR JOURDAIN, DORIMENE, DORANTE, LAQUAIS.

MONSIEUR JOURDAIN, *aprés avoir fait deux revérences, se trouvant trop prés de Dorimene.*

Un peu plus loin, Madame.

DORIMENE.

Comment ?

MONSIEUR JOURDAIN.

Un pas, s'il vous plaist.

DORIMENE.

Quoy donc ?

MONSIEUR JOURDAIN.

Reculez un peu pour la troisiéme.

DORANTE.

Madame, monsieur Jourdain sçait son monde.

MONSIEUR JOURDAIN.

Madame, ce m'est une gloire bien grande de me voir assez fortuné, pour estre si heureux que d'avoir le bonheur que vous ayez eu la bonté de m'accorder la grace, de me faire l'honneur de m'honorer de la faveur de vostre presence ; et, si j'avois aussi le mérite, pour mériter un mérite comme le vostre, et que le Ciel... envieux de mon bien... m'eust accordé... l'avantage de me voir digne... des...

DORANTE.

Monsieur Jourdain, en voila assez ; madame n'aime pas les grands complimens, et elle sçait que vous estes homme d'esprit. (*Bas à Dorimene.*) C'est un bon bourgeois assez ridicule, comme vous voyez, dans toutes ses manieres.

DORIMENE, [*de même*].

Il n'est pas malaisé de s'en apercevoir.

DORANTE, [*haut*].

Madame, voila le meilleur de mes amis.

MONSIEUR JOURDAIN.

C'est trop d'honneur que vous me faites.

DORANTE.

Galant homme tout-à-fait.

DORIMENE.

J'ay beaucoup d'estime pour luy.

MONSIEUR JOURDAIN.

Je n'ay rien fait encore, Madame, pour meriter cette grace.

DORANTE, *bas à monsieur Jourdain.*

Prenez bien garde, au moins, à ne luy point parler du diamant que vous luy avez donné.

MONSIEUR JOURDAIN, [*bas à Dorante*].

Ne pourrois-je pas seulement luy demander comment elle le trouve ?

DORANTE, [*bas à M. Jourdain*].

Comment? gardez-vous en bien. Cela seroit vilain à vous ; et, pour agir en galant homme, il faut que vous fassiez comme si ce n'estoit pas vous qui luy eussiez fait ce présent. [*Haut.*] Monsieur Jourdain, Madame, dit qu'il est ravy de vous voir chez luy.

DORIMENE.

Il m'honore beaucoup.

MONSIEUR JOURDAIN, [*bas à Dorante*].

Que je vous suis obligé, Monsieur, de luy parler ainsi pour moy !

DORANTE, [*bas à M. Jourdain*].

J'ay eu une peine effroyable à la faire venir icy.

MONSIEUR JOURDAIN, [*bas à Dorante*].

Je ne sçay quelles graces vous en rendre.

DORANTE.

Il dit, Madame, qu'il vous trouve la plus belle personne du monde.

DORIMENE.

C'est bien de la grace qu'il me fait.

MONSIEUR JOURDAIN.

Madame, c'est vous qui faites les graces, et...

DORANTE.

Songeons à manger.

LAQUAIS, [*à M. Jourdain*].

Tout est prest, Monsieur.

DORANTE.

Allons donc nous mettre à table, et qu'on fasse venir les musiciens.

(*Six cuisiniers qui ont preparé le festin dancent ensemble et font le troisiéme intermede; aprés quoy, ils aportent une table couverte de plusieurs mets.*)

ACTE IV.

SCENE PREMIERE.

DORANTE,
DORIMENE, MONSIEUR JOURDAIN,
DEUX MUSICIENS,
UNE MUSICIENNE, LAQUAIS.

DORIMENE.

COMMENT, Dorante, voila un repas tout-à-fait magnifique!

MONSIEUR JOURDAIN.

Vous vous moquez, Madame, et je voudrois qu'il fût plus digne de vous estre offert. (*Tous se mettent à table.*)

DORANTE.

Monsieur Jourdain a raison, Madame, de parler de la sorte, et il m'oblige de vous faire si bien les honneurs de chez luy. Je demeure d'accord avec luy que le repas n'est pas digne de vous. Comme c'est moy qui l'ay ordonné, et que je n'ay pas sur cette matiere les lumieres de nos amis, vous n'avez pas icy un repas fort sçavant, et vous y trouverez des incongruitez de bonne chere et des barbarismes de bon goust. Si Damis s'en estoit meslé, tout seroit dans les regles ; il y auroit partout de l'élégance et de l'érudition, et il ne manqueroit pas de vous exagerer luy-mesme toutes les pieces du repas qu'il vous donneroit, et de vous faire tomber d'accord de sa haute capacité dans la science des bons morceaux ; de vous parler d'un pain de rive, à bizeau doré, relevé de crouste par tout, croquant tendrement sous la dent ; d'un vin à séve veloutée, armé d'un vert qui n'est point trop commandant ; d'un carré de mouton gourmandé de persil ; d'une longe de veau de riviere, longue comme cela, blanche, délicate, et qui sous les dents est une vraye pâte d'amande ; de perdrix relevées d'un fumet surprenant ; et, pour son opera, d'une soupe à boüillon perlé, soûtenuë d'un jeune gros dindon cantonné de pigeonneaux et couronné d'oignons blancs mariez avec la chicorée. Mais, pour moy, je vous avouë mon ignorance ; et, comme monsieur Jourdain a fort bien dit, je voudrois que le repas fût plus digne de vous estre offert.

DORIMENE.

Je ne répons à ce compliment qu'en mangeant comme je fais.

MONSIEUR JOURDAIN.

Ah ! que voila de belles mains !

DORIMENE.

Les mains sont mediocres, Monsieur Jourdain ;

mais vous voulez parler du diamant, qui est fort beau.

MONSIEUR JOURDAIN.

Moy, Madame! Dieu me garde d'en vouloir parler : ce ne seroit pas agir en galant homme, et le diamant est fort peu de chose.

DORIMENE.

Vous estes bien dégousté.

MONSIEUR JOURDAIN.

Vous avez trop de bonté...

DORANTE.

Allons, qu'on donne du vin à monsieur Jourdain, et à ces messieurs, qui nous feront la grace de nous chanter un air à boire.

DORIMENE.

C'est merveilleusement assaisonner la bonne chere que d'y mesler la musique, et je me vois icy admirablement régalée.

MONSIEUR JOURDAIN.

Madame, ce n'est pas...

DORANTE.

Monsieur Jourdain, prestons silence à ces messieurs : ce qu'ils nous diront vaudra mieux que tout ce que nous pourrions dire.

(*Les musiciens et la musicienne prennent des verres, chantent deux chansons à boire, et sont soûtenus de toute la simphonie.*)

PREMIERE CHANSON A BOIRE.

Un petit doigt, Philis, pour commencer le tour;
Ah! qu'un verre en vos mains a d'agreables charmes!
Vous et le vin, vous vous prestez des armes,

Et je sens pour tous deux redoubler mon amour :
Entre luy, vous et moy, jurons, jurons, ma belle,
Une ardeur eternelle.

Qu'en moüillant vostre bouche il en reçoit d'atraits,
Et que l'on voit par luy vostre bouche embellie !
Ah ! l'un de l'autre ils me donnent envie,
Et de vous et de luy je m'enyvre à longs traits :
Entre luy, vous et moy, jurons, jurons, ma belle,
Une ardeur eternelle.

SECONDE CHANSON A BOIRE.

Buvons, chers amis, buvons,
Le temps qui fuit nous y convie;
Profitons de la vie
Autant que nous pouvons :
Quand on a passé l'onde noire,
Adieu le bon vin, nos amours;
Dépeschons-nous de boire,
On ne boit pas toûjours.

Laissons raisonner les sots
Sur le vray bonheur de la vie;
Nostre philosophie
Le met parmy les pots :
Les biens, le sçavoir et la gloire
N'ostent point les soucis fascheux ;
Et ce n'est qu'à bien boire
Que l'on peut estre heureux.

Sus, sus, du vin, par tout versez, garçons, versez,
Versez, versez toûjours, tant qu'on vous dise assez.

DORIMENE.

Je ne croy pas qu'on puisse mieux chanter, et cela est tout-à-fait beau.

MONSIEUR JOURDAIN.

Je vois encore icy, Madame, quelque chose de plus beau.

*

DORIMENE.

Oüais ! monsieur Jourdain est galant plus que je ne pensois.

DORANTE.

Comment ! Madame, pour qui prenez-vous monsieur Jourdain ?

MONSIEUR JOURDAIN.

Je voudrois bien qu'elle me prît pour ce que je dirois.

DORIMENE.

Encore !

DORANTE.

Vous ne le connoissez pas.

MONSIEUR JOURDAIN.

Elle me connoistra quand il luy plaira.

DORIMENE.

Oh ! je le quitte.

DORANTE.

Il est homme qui a toûjours la riposte en main. Mais vous ne voyez pas que monsieur Jourdain, Madame, mange tous les morceaux que vous touchez.

DORIMENE.

Monsieur Jourdain est un homme qui me ravit.

MONSIEUR JOURDAIN.

Si je pouvois ravir vostre cœur, je serois...

SCENE II.

MADAME JOURDAIN, MONSIEUR JOURDAIN, DORIMENE, DORANTE, MUSICIENS, MUSICIENNE, LAQUAIS.

MADAME JOURDAIN.

Ah! ah! je trouve icy bonne compagnie, et je voy bien qu'on ne m'y attendoit pas. C'est donc pour cette belle affaire-cy, Monsieur mon mary, que vous avez eu tant d'empressement à m'envoyer disner chez ma sœur? Je viens de voir un theatre là-bas, et je vois icy un banquet à faire nopces. Voila comme vous dépensez vostre bien, et c'est ainsi que vous festinez les dames en mon absence, et que vous leur donnez la musique et la comedie tandis que vous m'envoyez promener.

DORANTE.

Que voulez-vous dire, Madame Jourdain? et quelles fantaisies sont les vostres, de vous aller mettre en teste que vostre mary dépense son bien, et que c'est luy qui donne ce régal à Madame? Aprenez que c'est moy, je vous prie; qu'il ne fait seulement que me prester sa maison, et que vous devriez un peu mieux regarder aux choses que vous dites.

MONSIEUR JOURDAIN.

Oüy, impertinente, c'est monsieur le comte qui donne tout cecy à Madame, qui est une personne de qualité. Il me fait l'honneur de prendre ma maison, et de vouloir que je sois avec luy.

MADAME JOURDAIN.

Ce sont des chansons que cela; je sçay ce que je sçay.

DORANTE.

Prenez, Madame Jourdain, prenez de meilleures lunettes.

MADAME JOURDAIN.

Je n'ay que faire de lunettes, Monsieur, et je voy assez clair; il y a longtemps que je sens les choses, et je ne suis pas une beste. Cela est fort vilain à vous, pour un grand seigneur, de prester la main, comme vous faites, aux sottises de mon mary. Et vous, Madame, pour une grand'dame, cela n'est ny beau ny honneste à vous de mettre de la dissention dans un ménage, et de souffrir que mon mary soit amoureux de vous.

DORIMENE.

Que veut donc dire tout cecy? Allez, Dorante, vous vous moquez, de m'exposer aux sottes visions de cette extravagante.

[*Elle sort.*]

DORANTE.

Madame, hola! Madame, où courez-vous?

MONSIEUR JOURDAIN.

Madame! Monsieur le comte, faites-luy excuses, et tâchez de la ramener. [*A Mme Jourdain.*] Ah! impertinente que vous estes, voila de vos beaux faits ; vous me venez faire des affronts devant tout le monde, et vous chassez de chez moy des personnes de qualité.

MADAME JOURDAIN.

Je me moque de leur qualité.

MONSIEUR JOURDAIN.

Je ne sçay qui me tient, maudite, que je ne vous fende la teste avec les pieces du repas que vous estes venuë troubler.

(*On oste la table.*)

MADAME JOURDAIN, *sortant.*

Je me moque de cela. Ce sont mes droicts que je defens, et j'auray pour moy toutes les femmes.

MONSIEUR JOURDAIN.

Vous faites bien d'éviter ma colere. Elle est arrivée là bien malheureusement. J'estois en humeur de dire de jolies choses, et jamais je ne m'estois senti tant d'esprit. Qu'est-ce que c'est que cela ?

SCENE III.

COVIELLE DÉGUISÉ,
MONSIEUR JOURDAIN, LAQUAIS.

COVIELLE.

Monsieur, je ne sçay pas si j'ay l'honneur d'estre connu de vous?

MONSIEUR JOURDAIN.

Non, Monsieur.

COVIELLE.

Je vous ay veu que vous n'estiez pas plus grand que cela.

MONSIEUR JOURDAIN.

Moy!

COVIELLE.

Oüy. Vous estiez le plus bel enfant du monde, et toutes les dames vous prenoient dans leurs bras pour vous baiser.

MONSIEUR JOURDAIN.

Pour me baiser!

COVIELLE.

Oüy. J'estois grand amy de feu monsieur vostre pere.

MONSIEUR JOURDAIN.

De feu monsieur mon pere!

COVIELLE.

Oüy. C'estoit un fort honneste gentilhomme.

MONSIEUR JOURDAIN.

Comment dites-vous?

COVIELLE.

Je dis que c'estoit un fort honneste gentilhomme.

MONSIEUR JOURDAIN.

Mon pere!

COVIELLE.

Oüy.

MONSIEUR JOURDAIN.

Vous l'avez fort connu?

COVIELLE.

Assurément.

MONSIEUR JOURDAIN.

Et vous l'avez connu pour gentilhomme ?

COVIELLE.

Sans doute.

MONSIEUR JOURDAIN.

Je ne sçay donc pas comment le monde est fait.

COVIELLE.

Comment ?

MONSIEUR JOURDAIN.

Il y a de sottes gens qui me veulent dire qu'il a esté marchand.

COVIELLE.

Luy, marchand ! C'est pure médisance, il ne l'a jamais esté. Tout ce qu'il faisoit, c'est qu'il estoit fort obligeant, fort officieux ; et, comme il se connoissoit fort bien en étoffes, il en alloit choisir de tous les costez, les faisoit aporter chez luy, et en donnoit à ses amis pour de l'argent.

MONSIEUR JOURDAIN.

Je suis ravy de vous connoistre, afin que vous rendiez ce témoignage-là que mon pere estoit gentilhomme.

COVIELLE.

Je le soûtiendray devant tout le monde.

MONSIEUR JOURDAIN.

Vous m'obligerez. Quel sujet vous ameine ?

COVIELLE.

Depuis avoir connu feu monsieur vostre pere, honneste gentilhomme, comme je vous ay dit, j'ay voyagé par tout le monde.

MONSIEUR JOURDAIN.

Par tout le monde !

COVIELLE.

Oüy.

MONSIEUR JOURDAIN.

Je pense qu'il y a bien loin en ce païs-là.

COVIELLE.

Assurément. Je ne suis revenu de tous mes longs voyages que depuis quatre jours ; et, par l'interest que je prens à tout ce qui vous touche, je viens vous annoncer la meilleure nouvelle du monde.

MONSIEUR JOURDAIN.

Quelle ?

COVIELLE.

Vous sçavez que le fils du Grand Turc est icy ?

MONSIEUR JOURDAIN.

Moy? non.

COVIELLE.

Comment! Il a un train tout-à-fait magnifique ; tout le monde le va voir, et il a esté receu en ce païs comme un seigneur d'importance.

MONSIEUR JOURDAIN.

Par ma foy, je ne sçavois pas cela.

COVIELLE.

Ce qu'il y a d'avantageux pour vous, c'est qu'il est amoureux de vostre fille.

MONSIEUR JOURDAIN.

Le fils du Grand Turc?

COVIELLE.

Oüy; et il veut estre vostre gendre.

MONSIEUR JOURDAIN.

Mon gendre, le fils du Grand Turc!

COVIELLE.

Le fils du Grand Turc vostre gendre. Comme je le fus voir, et que j'entens parfaitement sa langue, il s'entretint avec moy; et, aprés quelques autres discours, il me dit : *Acciam croc soler ouch alla moustaph gidelum amanahem varahini oussere carbulath*. C'est à dire : « N'as-tu point veu une jeune belle personne qui est la fille de monsieur Jourdain, gentilhomme parisien? »

MONSIEUR JOURDAIN.

Le fils du Grand Turc dit cela de moy?

COVIELLE.

Oüy. Comme je luy eus répondu que je vous connoissois particulierement et que j'avois veu vostre fille : « Ah! me dit-il, *Marababa sahem* »; c'est-à-dire : « Ah! que je suis amoureux d'elle! »

MONSIEUR JOURDAIN.

Marababa sahem veut dire : Ah! que je suis amoureux d'elle?

COVIELLE.

Oüy.

MONSIEUR JOURDAIN.

Par ma foy, vous faites bien de me le dire, car, pour moy, je n'aurois jamais crû que *Marababa sahem* eust voulu dire : Ah! que je suis amoureux d'elle! Voila une langue admirable que ce turc!

COVIELLE.

Plus admirable qu'on ne peut croire. Sçavez-vous bien ce que veut dire *Cacaracamouchen*?

MONSIEUR JOURDAIN.

Cacaracamouchen? Non.

COVIELLE.

C'est-à-dire : Ma chere ame.

MONSIEUR JOURDAIN.

Cacaracamouchen veut dire : Ma chere ame?

COVIELLE.

Oüy.

MONSIEUR JOURDAIN.

Voila qui est merveilleux! *Cacaracamouchen,* Ma chere ame : diroit-on jamais cela? Voila qui me confond.

COVIELLE.

Enfin, pour achever mon ambassade, il vient vous demander vostre fille en mariage; et, pour avoir un beau-pere qui soit digne de luy, il veut vous faire *Mamamouchi,* qui est une certaine grande dignité de son païs.

MONSIEUR JOURDAIN.

Mamamouchi?

COVIELLE.

Oüy, *Mamamouchi;* c'est à dire, en nostre langue, paladin. Paladin, ce sont de ces anciens... Paladin enfin! Il n'y a rien de plus noble que cela dans le monde; et vous irez de pair avec les plus grands seigneurs de la terre.

MONSIEUR JOURDAIN.

Le fils du Grand Turc m'honore beaucoup, et je vous prie de me mener chez luy pour luy en faire mes remercîmens.

COVIELLE.

Comment! le voila qui va venir icy.

MONSIEUR JOURDAIN.

Il va venir icy?

COVIELLE.

Oüy; et il amene toutes choses pour la cerémonie de vostre dignité.

MONSIEUR JOURDAIN.

Voila qui est bien prompt.

COVIELLE.

Son amour ne peut souffrir aucun retardement.

MONSIEUR JOURDAIN.

Tout ce qui m'embarasse icy, c'est que ma fille est une opiniâtre qui s'est allé mettre dans la teste un certain Cleonte, et elle jure de n'épouser personne que celuy-là.

COVIELLE.

Elle changera de sentiment quand elle verra le fils du Grand Turc; et puis il se rencontre icy une avanture merveilleuse, c'est que le fils du Grand Turc ressemble à ce Cleonte, à peu de chose prés. Je viens de le voir, on me l'a montré; et l'amour qu'elle a pour l'un pourra passer aisément à l'autre, et... Je l'entens venir; le voila.

SCENE IV.

CLEONTE EN TURC, AVEC TROIS PAGES PORTANS SA VESTE, MONSIEUR JOURDAIN, COVIELLE DÉGUISÉ.

CLEONTE.

Ambousahim oqui boraf, Jordina, salamalequi.

COVIELLE.

C'est à dire : « Monsieur Jourdain, vostre cœur soit toute l'année comme un rosier fleury. » Ce sont façons de parler obligeantes de ces païs-là.

MONSIEUR JOURDAIN.

Je suis tres-humble serviteur de Son Altesse Turque.

COVIELLE.

Carigar camboto oustin moraf.

CLEONTE.

Oustin yoc catamalequi basum base alla moran.

COVIELLE.

Il dit que le Ciel vous donne la force des lyons et la prudence des serpens.

MONSIEUR JOURDAIN.

Son Altesse Turque m'honore trop, et je luy souhaite toutes sortes de prosperitez.

COVIELLE.

Ossa binamen sadoc babally oracaf ouram.

CLEONTE.

Bel-men.

COVIELLE.

Il dit que vous alliez viste avec luy vous préparer pour la cerémonie, afin de voir ensuite vostre fille, et de conclure le mariage.

MONSIEUR JOURDAIN.

Tant de choses en deux mots?

COVIELLE.

Oüy; la langue turque est comme cela, elle dit beaucoup en peu de paroles. Allez viste où il souhaite.

SCENE V.

DORANTE, COVIELLE.

COVIELLE.

Ha! ha! ha! Ma foy, cela est tout-à-fait drôle. Quelle dupe! Quand il auroit apris son rôle par cœur, il ne pouroit pas le mieux joüer. Ah! ah! Je vous prie, Monsieur, de nous vouloir aider ceans dans une affaire qui s'y passe.

DORANTE.

Ah! ah! Covielle, qui t'auroit reconnu? Comme te voila ajusté!

COVIELLE.

Vous voyez. Ah! ah!

DORANTE.

Dequoy ris-tu?

COVIELLE.

D'une chose, Monsieur, qui le merite bien.

DORANTE.

Comment?

COVIELLE.

Je vous le donnerois en bien des fois, Monsieur, à deviner le stratagéme dont nous nous servons auprés de monsieur Jourdain pour porter son esprit à donner sa fille à mon maistre.

DORANTE.

Je ne devine point le stratagéme, mais je devine

qu'il ne manquera pas de faire son effet, puis que tu l'entreprens.

COVIELLE.

Je sçay, Monsieur, que la beste vous est connuë.

DORANTE.

Aprens-moy ce que c'est.

COVIELLE.

Prenez la peine de vous tirer un peu plus loin pour faire place à ce que j'aperçoy venir. Vous pourez voir une partie de l'histoire, tandis que je vous conteray le reste.

(*La ceremonie turque pour ennoblir le bourgeois se fait en dance et en musique, et compose le quatriéme intermede.*)

Le mufti, quatre dervis, six Turcs dançans, six Turcs musiciens, et autres joüeurs d'instrumens à la turque, sont les acteurs de cette ceremonie.

Le mufti invoque Mahomet avec les douze Turcs et les quatre dervis; aprés on luy amene le bourgeois vestu à la turque, sans turban et sans sabre, auquel il chante ces paroles :

LE MUFTI.

Se ti sabir,
Ti respondir;
Se non sabir,
Tazir, tazir.

Mi star mufti.
Ti qui star ti
Non intendir,
Tazir, tazir.

Le mufti demande en mesme langue aux Turcs assistans de quelle religion est le bourgeois, et ils l'assurent qu'il est mahometan. Le mufti invoque Mahomet en langue franque, et chante les paroles qui suivent :

LE MUFTI.

Mahameta per Giourdina
Mi pregar sera e matina,
Voler far un paladina
Dé Giourdina, dé Giourdina.

Dar turbanta é dar scarcina
Con galera é brigantina
Per deffender Palestina.
Mahameta, etc.

Le mufti demande aux Turcs si le bourgeois sera ferme dans la religion mahometane, et leur chante ces paroles :

LE MUFTI.

Star bon Turca, Giourdina.

LES TURCS.

Hi valla.

LE MUFTI dance et chante ces mots :

Hu la ba, ba la chou, ba la ba, ba la da.

Les Turcs répondent les mesmes vers.

Le mufti propose de donner le turban au bourgeois, et chante les paroles qui suivent :

LE MUFTI.

Ti non star furba?

LES TURCS.

No, no, no.

LE MUFTI.

Non star furfanta?

LES TURCS.

No, no, no.

LE MUFTI.

Donar turbanta, donar turbanta.

Les Turcs repetent tout ce qu'a dit le mufti pour donner le turban au bourgeois. Le mufti et les dervis se coëffent avec des turbans de ceremonie, et l'on presente au mufti l'Alcoran, qui fait une seconde invocation avec tout le reste des Turcs assistans; aprés son invocation, il donne au bourgeois l'épée, et chante ces paroles :

LE MUFTI.

Ti star nobile, e non star fabbola.
Pigliar schiabbola.

Les Turcs repetent les mesmes vers, mettant tous le sabre à la main, et six d'entre eux dancent autour du bourgeois, auquel ils feignent de donner plusieurs coups de sabre.

Le mufti commande aux Turcs de bastonner le bourgeois, et chante les paroles qui suivent :

LE MUFTI.

Dara, dara.
Bastonnara, bastonnara.

Les Turcs repetent les mesmes vers, et luy donnent plusieurs coups de baston en cadance.

Le mufti, aprés l'avoir fait bastonner, luy dit en chantant :

LE MUFTI.

Non tener honta,
Questa star ultima affronta.

Les Turcs repetent les mesmes vers.

Le mufti recommence une invocation, et se retire, aprés la ceremonie, avec tous les Turcs, en dançant et chantant avec plusieurs instrumens à la turquesque.

ACTE V.

SCENE PREMIERE.

MADAME JOURDAIN, MONSIEUR JOURDAIN.

MADAME JOURDAIN.

Ah! mon Dieu! misericorde! Qu'est-ce que c'est donc que cela? Quelle figure! Est-ce un Momon que vous allez porter, et est-il temps d'aller en masque? Parlez donc, qu'est-ce que c'est que cecy? Qui vous a fagoté comme cela?

MONSIEUR JOURDAIN.

Voyez l'impertinente, de parler de la sorte à un *Mamamouchi!*

MADAME JOURDAIN.

Comment donc?

MONSIEUR JOURDAIN.

Oüy, il me faut porter du respect maintenant, et l'on vient de me faire *Mamamouchi.*

MADAME JOURDAIN.

Que voulez-vous dire avec vostre *Mamamouchi?*

MONSIEUR JOURDAIN.

Mamamouchi, vous dy-je. Je suis *Mamamouchi*.

MADAME JOURDAIN.

Quelle beste est-ce là ?

MONSIEUR JOURDAIN.

Mamamouchi, c'est à dire, en nostre langue, paladin.

MADAME JOURDAIN.

Baladin ! Estes-vous en âge de dancer des ballets ?

MONSIEUR JOURDAIN.

Quelle ignorante ! Je dis paladin ; c'est une dignité dont on vient de me faire la cerémonie.

MADAME JOURDAIN.

Quelle cerémonie donc ?

MONSIEUR JOURDAIN.

Mahameta per Jordina.

MADAME JOURDAIN.

Qu'est-ce que cela veut dire ?

MONSIEUR JOURDAIN.

Jordina, c'est à dire Jourdain.

MADAME JOURDAIN.

Hé bien quoy, Jourdain ?

MONSIEUR JOURDAIN.

Voler far un paladina dé Jordina.

MADAME JOURDAIN.

Comment ?

MONSIEUR JOURDAIN.

Dar turbanta con galera.

MADAME JOURDAIN.

Qu'est-ce à dire cela ?

MONSIEUR JOURDAIN.

Per deffender Palestina.

MADAME JOURDAIN.

Que voulez-vous donc dire?

MONSIEUR JOURDAIN.

Dara, dara bastonnara.

MADAME JOURDAIN.

Qu'est-ce donc que ce jargon-là?

MONSIEUR JOURDAIN.

Non tener honta, questa star l'ultima affronta.

MADAME JOURDAIN.

Qu'est-ce que c'est donc que tout cela?

MONSIEUR JOURDAIN *dance et chante.*

Hou la ba, ba la chou, ba la ba, ba la da.

MADAME JOURDAIN.

Helas! mon Dieu, mon mary est devenu fou.

MONSIEUR JOURDAIN, *sortant.*

Paix, insolente! portez respect à Monsieur le *Mamamouchi.*

MADAME JOURDAIN.

Où est-ce qu'il a donc perdu l'esprit? Courons l'empescher de sortir. Ah! ah! voicy justement le reste de nostre écu. Je ne voy que chagrin de tous les côtez.

(*Elle sort.*)

SCENE II.

DORANTE, DORIMENE.

DORANTE.

Oüy, Madame, vous verrez la plus plaisante chose qu'on puisse voir; et je ne croy pas que dans tout le monde il soit possible de trouver encore un homme aussi fou que celuy-là ; et puis, Madame, il faut tâcher de servir l'amour de Cleonte et d'apuyer toute sa mascarade. C'est un fort galant homme et qui mérite que l'on s'interesse pour luy.

DORIMENE.

J'en fais beaucoup de cas, et il est digne d'une bonne fortune.

DORANTE.

Outre cela, nous avons icy, Madame, un ballet qui nous revient, que nous ne devons pas laisser perdre, et il faut bien voir si mon idée pourra reüssir.

DORIMENE.

J'ay veu là des aprests magnifiques, et ce sont des choses, Dorante, que je ne puis plus souffrir. Oüy, je veux enfin vous empécher vos profusions ; et, pour rompre le cours à toutes les dépenses que je vous voy faire pour moy, j'ay résolu de me marier promptement avec vous. C'en est le vray secret, et toutes ces choses finissent avec le mariage.

DORANTE.

Ah ! Madame, est-il possible que vous ayez pû prendre pour moy une si douce résolution ?

DORIMENE.

Ce n'est que pour vous empescher de vous ruiner ; et sans cela je voy bien qu'avant qu'il fust peu, vous n'auriez pas un sou.

DORANTE.

Que j'ay d'obligation, Madame, aux soins que vous avez de conserver mon bien ! Il est entierement à vous, aussi bien que mon cœur, et vous en userez de la façon qu'il vous plaira.

DORIMENE.

J'useray bien de tous les deux. Mais voicy vostre homme : la figure en est admirable.

SCENE III.

MONSIEUR JOURDAIN, DORANTE, DORIMENE.

DORANTE.

Monsieur, nous venons rendre hommage, Madame et moy, à vostre nouvelle dignité, et nous réjoüir avec vous du mariage que vous faites de vostre fille avec le fils du Grand Turc.

MONSIEUR JOURDAIN, *aprés avoir fait les revérences à la turque.*

Monsieur, je vous souhaite la force des serpens et la prudence des lyons.

DORIMENE.

J'ay esté bien aise d'estre des premieres, Monsieur, à venir vous féliciter du haut degré de gloire où vous estes monté.

MONSIEUR JOURDAIN.

Madame, je vous souhaite toute l'année vostre rosier fleury ; je vous suis infiniment obligé de prendre part aux honneurs qui m'arrivent, et j'ay beaucoup de joye de vous voir revenuë icy, pour vous faire les tres-humbles excuses de l'extravagance de ma femme.

DORIMENE.

Cela n'est rien; j'excuse en elle un pareil mouvement : vostre cœur luy doit estre précieux, et il n'est pas étrange que la possession d'un homme comme vous puisse inspirer quelques allarmes.

MONSIEUR JOURDAIN.

La possession de mon cœur est une chose qui vous est toute acquise.

DORANTE.

Vous voyez, Madame, que monsieur Jourdain n'est pas de ces gens que les prosperitez aveuglent, et qu'il sçait, dans sa gloire, connoistre encore ses amis.

DORIMENE.

C'est la marque d'une ame tout-à-fait genéreuse.

DORANTE.

Où est donc Son Altesse turque? Nous voudrions bien, comme vos amis, luy rendre nos devoirs.

MONSIEUR JOURDAIN.

Le voilà qui vient, et j'ay envoyé querir ma fille pour luy donner la main.

SCENE IV.

CLEONTE, COVIELLE, MONSIEUR JOURDAIN, ETC.

DORANTE.

Monsieur, nous venons faire la revérence à Vostre Altesse comme amis de monsieur vostre beau-pere, et l'assurer avec respect de nos tres-humbles services.

MONSIEUR JOURDAIN.

Où est le truchement, pour luy dire qui vous estes et luy faire entendre ce que vous dites? Vous verrez qu'il vous répondra; et il parle turc à merveille. Hola! où diantre est-il allé? (*A Cleonte.*) *Strouf, strif, strof, straf.* Monsieur est un *grande segnore, grande segnore, grande segnore;* et madame, une *granda dama, granda dama. Ahi!* luy Monsieur, luy *Mamamouchi* françois, et Madame, *Mamamouchie* françoise. Je ne puis pas parler plus clairement. Bon! voicy l'interprete. Où allez-vous donc? Nous ne sçaurions rien dire sans vous. Dites-luy un peu que monsieur et madame sont des personnes de grande qualité qui luy viennent faire la revérence comme mes amis, et l'assurer de leurs services. Vous allez voir comme il va répondre.

COVIELLE.

Alabala crociam acci boram alabamen.

CLEONTE.

Catalequi tubal ourin soter amalouchan.

MONSIEUR JOURDAIN.

Voyez-vous?

COVIELLE.

Il dit que la pluye des prosperitez arrouse en tout temps le jardin de vostre famille.

MONSIEUR JOURDAIN.

Je vous l'avois bien dit, qu'il parle turc!

DORANTE.

Cela est admirable.

SCENE V.

LUCILE, MONSIEUR JOURDAIN, DORANTE, DORIMENE, ETC.

MONSIEUR JOURDAIN.

Venez, ma fille; aprochez-vous, et venez donner vostre main à monsieur, qui vous fait l'honneur de vous demander en mariage.

LUCILE.

Comment! mon pere, comme vous voila fait! Est-ce une comedie que vous joüez?

MONSIEUR JOURDAIN.

Non, non, ce n'est pas une comedie, c'est une affaire fort serieuse, et la plus pleine d'honneur pour vous qui se peut souhaiter. Voila le mary que je vous donne.

LUCILE.

A moy, mon pere?

MONSIEUR JOURDAIN.

Oüy, à vous. Allons, touchez-luy dans la main, et rendez graces au Ciel de vostre bonheur.

LUCILE.

Je ne veux point me marier.

MONSIEUR JOURDAIN.

Je le veux, moy, qui suis vostre pere.

LUCILE.

Je n'en feray rien.

MONSIEUR JOURDAIN.

Ah! que de bruit! Allons, vous dis-je. Çà, vostre main.

LUCILE.

Non, mon pere, je vous l'ay dit, il n'est point de pouvoir qui me puisse obliger à prendre un autre mary que Cleonte; et je me resoudray plutost à toutes les extrémitez que de... (*Reconnoissant Cléonte.*) Il est vray que vous estes mon pere, je vous dois entiere obeïssance; et c'est à vous à disposer de moy selon vos volontez.

MONSIEUR JOURDAIN.

Ah! je suis ravy de vous voir si promptement revenuë dans vostre devoir; et voila qui me plaist, d'avoir une fille obeïssante.

SCENE DERNIERE.

MADAME JOURDAIN, MONSIEUR JOURDAIN, CLEONTE, Etc.

MADAME JOURDAIN.

Comment donc? qu'est-ce que c'est que cecy? On dit que vous voulez donner vostre fille en mariage à un caresme-prenant?

MONSIEUR JOURDAIN.

Voulez-vous vous taire, impertinente? Vous venez toûjours mesler vos extravagances à toutes choses, et il n'y a pas moyen de vous aprendre à estre raisonnable.

MADAME JOURDAIN.

C'est vous qu'il n'y a pas moyen de rendre sage, et vous allez de folie en folie. Quel est vostre dessein, et que voulez-vous faire avec cet assemblage?

MONSIEUR JOURDAIN.

Je veux marier nostre fille avec le fils du Grand Turc.

MADAME JOURDAIN.

Avec le fils du Grand Turc?

MONSIEUR JOURDAIN.

Oüy. Faites-luy faire vos complimens par le truchement que voila.

MADAME JOURDAIN.

Je n'ay que faire de truchement, et je luy diray

bien moy-mesme, à son nez, qu'il n'aura point ma fille.

MONSIEUR JOURDAIN.

Voulez-vous vous taire, encore une fois?

DORANTE.

Comment! Madame Jourdain, vous vous oposez à un bonheur comme celuy-là? Vous refusez Son Altesse turque pour gendre?

MADAME JOURDAIN.

Mon Dieu, Monsieur, meslez-vous de vos affaires.

DORIMENE.

C'est une grande gloire qui n'est pas à rejetter.

MADAME JOURDAIN.

Madame, je vous prie aussi de ne vous point embarasser de ce qui ne vous touche pas.

DORANTE.

C'est l'amitié que nous avons pour vous qui nous fait interesser dans vos avantages.

MADAME JOURDAIN.

Je me passeray bien de vostre amitié.

DORANTE.

Voila vostre fille qui consent aux volontez de son pere.

MADAME JOURDAIN.

Ma fille consent à épouser un Turc?

DORANTE.

Sans doute.

MADAME JOURDAIN.

Elle peut oublier Cleonte?

DORANTE.

Que ne fait-on pas pour estre grand'dame!

MADAME JOURDAIN.

Je l'étranglerois de mes mains, si elle avoit fait un coup comme celuy-là.

MONSIEUR JOURDAIN.

Voila bien du caquet. Je vous dis que ce mariage-là se fera.

MADAME JOURDAIN.

Je vous dy, moy, qu'il ne se fera point.

MONSIEUR JOURDAIN.

Ah! que de bruit!

LUCILE.

Ma mere!

MADAME JOURDAIN.

Allez, vous estes une coquine.

MONSIEUR JOURDAIN.

Quoy! vous la querellez de ce qu'elle m'obeït?

MADAME JOURDAIN.

Oüy; elle est à moy aussi bien qu'à vous.

COVIELLE.

Madame!

MADAME JOURDAIN.

Que me voulez-vous conter, vous?

COVIELLE.

Un mot.

MADAME JOURDAIN.

Je n'ay que faire de vostre mot.

COVIELLE, *à Monsieur Jourdain.*

Monsieur, si elle veut écouter une parole en particulier, je vous promets de la faire consentir à ce que vous voulez.

MADAME JOURDAIN.

Je n'y consentiray point.

COVIELLE.

Ecoutez-moy seulement.

MADAME JOURDAIN.

Non.

MONSIEUR JOURDAIN.

Ecoutez-le.

MADAME JOURDAIN.

Non, je ne veux pas écouter.

MONSIEUR JOURDAIN.

Il vous dira...

MADAME JOURDAIN,

Je ne veux point qu'il me dise rien.

MONSIEUR JOURDAIN.

Voila une grande obstination de femme! Cela vous fera-t'il mal, de l'entendre?

COVIELLE.

Ne faites que m'écouter, vous ferez aprés ce qu'il vous plaira.

MADAME JOURDAIN.

Hé bien, quoy?

COVIELLE, *à part* [*à Mme Jourdain*].

Il y a une heure, Madame, que nous vous faisons signe. Ne voyez-vous pas bien que tout cecy n'est fait que pour nous ajuster aux visions de vostre mari, que nous l'abusons sous ce déguisement, et que c'est Cleonte luy-mesme qui est le fils du Grand Turc?

MADAME JOURDAIN.

Ah! ah!

COVIELLE.

Et moy, Covielle, qui suis le truchement?

MADAME JOURDAIN.

Ah! comme cela je me rens.

COVIELLE.

Ne faites pas semblant de rien.

MADAME JOURDAIN.

Oüy, voila qui est fait, je consens au mariage.

MONSIEUR JOURDAIN.

Ah! voila tout le monde raisonnable. Vous ne vouliez pas l'écouter. Je savois bien qu'il vous expliqueroit ce que c'est que le fils du Grand Turc.

MADAME JOURDAIN.

Il me l'a expliqué comme il faut, et j'en suis satisfaite. Envoyons querir un notaire.

DORANTE.

C'est fort bien dit. Et afin, Madame Jourdain, que vous puissiez avoir l'esprit tout-à-fait content, et que vous perdiez aujourd'huy toute la jalousie que vous pourriez avoir conceuë de monsieur vostre mary, c'est que nous nous servirons du mesme notaire pour nous marier, madame et moy.

MADAME JOURDAIN.

Je consens aussi à cela.

MONSIEUR JOURDAIN, [*bas à Dorante*].

C'est pour luy faire acroire?

DORANTE, [*bas à M. Jourdain*].

Il faut bien l'amuser avec cette feinte.

MONSIEUR JOURDAIN.

Bon, bon! Qu'on aille viste querir le notaire.

DORANTE.

Tandis qu'il viendra et qu'il dressera les contrats, voyons nostre ballet, et donnons-en le divertissement à Son Altesse turque.

MONSIEUR JOURDAIN.

C'est fort bien avisé. Allons prendre nos places.

MADAME JOURDAIN.

Et Nicole?

MONSIEUR JOURDAIN.

Je la donne au truchement, et ma femme, à qui la voudra.

COVIELLE.

Monsieur, je vous remercie. [*A part.*] Si l'on en peut voir un plus fou, je l'iray dire à Rome.

(*La Comédie finit par un petit ballet qui avoit esté préparé.*)

PREMIERE ENTRÉE.

Un homme vient donner les livres du ballet, qui d'abord est fatigué par une multitude de gens de provinces diferentes qui criënt en musique pour en avoir, et par trois importuns qu'il trouve toûjours sur ses pas.

DIALOGUE DES GENS

qui en musique demandent des livres.

TOUS.

A moy, Monsieur, à moy, de grace, à moy, Monsieur:
Un livre, s'il vous plaist, à vostre serviteur.

HOMME DU BEL AIR.

Monsieur, distinguez-nous parmy les gens qui crient.
Quelques livres icy; les dames vous en prient.

AUTRE HOMME DU BEL AIR.

Hola, Monsieur! Monsieur, ayez la charité
D'en jetter de nostre costé.

FEMME DU BEL AIR.

Mon Dieu, qu'aux personnes bien faites
On sçait peu rendre honneur ceans !

AUTRE FEMME DU BEL AIR.

Ils n'ont des livres et des bancs
Que pour mesdames les grisettes.

GASCON.

Aho ! l'homme aux libres, qu'on m'en vaille.
J'ay déja lé poumon usé;
Bous boyez qué chacun mé raille,
Et jé suis escandalisé
De boir és mains de la canaille
Ce qui m'est par bous refusé.

AUTRE GASCON.

Eh! cadedis, Monseu, boyez qui l'on pût estre;
Un libret, je bous prie, au varon d'Asbarat.
Jé pense, mordy! que le fat
N'a pas l'honnur dé mé connoistre.

LE SUISSE.

Mon'-sieur le donneur de papieir,
Que veul dire sty façon de fifre,
Moy l'écorchair tout mon gosieir
A crieir,
Sans que je pouvre afoir ein lifre;
Pardy, mon foy, Mon'-siur, je pense fous l'estre ifre.

VIEUX BOURGEOIS BABILLARD.

De tout cecy, franc et net,
Je suis mal satisfait;
Et cela sans doute est laid
Que nostre fille,
Si bien faite et si gentille,
De tant d'amoureux l'objet,
N'ait pas à son souhait
Un livre de ballet,

Pour lire le sujet
Du divertissement qu'on fait,
Et que toute nostre famille
Si proprement s'habille,
Pour estre placée au sommet
De la salle, où l'on met
Les gens de l'entriguet :
De tout cecy, franc et net,
Je suis mal satisfait,
Et cela sans doute est laid.

VIEILLE BOURGEOISE BABILLARDE.

Il est vray que c'est une honte,
Le sang au visage me monte,
Et ce jetteur de vers qui manque au capital,
L'entend fort mal;
C'est un brutal,
Un vray cheval,
Franc animal,
De faire si peu de conte
D'une fille qui fait l'ornement principal
Du quartier du Palais-Royal,
Et que ces jours passez un comte
Fut prendre la premiere au bal.
Il l'entend mal,
C'est un brutal,
Un vray cheval,
Franc animal.

HOMMES ET FEMMES DU BEL AIR.

Ah! quel bruit!
Quel fracas!
Quel cahos!
Quel mélange!
Quelle confusion!
Quelle cohuë étrange!
Quel desordre!
Quel embarras!
On y seche.
L'on n'y tient pas.

GASCON.

Bentre je suis à vout.

AUTRE GASCON.

J'enrage, Diou me damne!

SUISSE.

Ah! que ly faire saif dans sty sal de cians.

GASCON.

Jé murs.

AUTRE GASCON.

Jé pers la tramontane.

SUISSE.

Mon foy, moy, le foudrois estre hors de dedans.

VIEUX BOURGEOIS BABILLARD.

Allons, ma mie,
Suivez mes pas,
Je vous en prie,
Et ne me quittez pas,
On fait de nous trop peu de cas,
Et je suis las
De ce tracas :
Tout ce fatras,
Cet embarras
Me pese par trop sur les bras.
S'il me prend jamais envie
De retourner de ma vie
A ballet ny comedie,
Je veux bien qu'on m'estropie.
Allons, ma mie,
Suivez mes pas,
Je vous en prie,
Et ne me quittez pas,
On fait de nous trop peu de cas.

VIEILLE BOURGEOISE BABILLARDE.

Allons, mon mignon, mon fils,
Regagnons nostre logis,
Et sortons de ce taudis
Où l'on ne peut estre assis;
Ils seront bien ébobis
Quand ils nous verront partis.
Trop de confusion regne dans cette salle,
Et j'aimerois mieux estre au milieu de la halle;
Si jamais je reviens à semblable regale,
Je veux bien recevoir des souflets plus de six.
Allons, mon mignon, mon fils,
Regagnons nostre logis,
Et sortons de ce taudis
Où l'on ne peut estre assis.

TOUS.

A moy, Monsieur, à moy, de grace, à moy, Monsieur:
Un livre, s'il vous plaist, à vostre serviteur.

SECONDE ENTRÉE.

Les trois importuns dancent.

TROISIESME ENTRÉE.

Trois Espagnols chantent.

Sé que me muero de amor
Y solicito el dolor.

A un muriendo de querer
De tan buen ayre adolezco
Que es mas de lo que padezco
Lo que quiero padecer

Y no pudiendo exceder
A mi deseo el rigor.

Sé que me muero de amor
Y solicito el dolor.

Lisonxeame la suerte
Con piedad tan advertida,
Que me assegura la vida
En el riesgo de la muerte.
Vivir de su golpe fuerte
Es de mi salud primor.

Sé que, etc.

Six Espagnols dancent.

TROIS MUSICIENS ESPAGNOLS.

Ay! que locura, con tanto rigor
Quexarse de Amor,
Del nino bonito
Que todo es dulçura.
Ay! que locura!
Ay! que locura!

ESPAGNOL, *chantant.*

El dolor solicita,
El que al dolor se da,
Y nadie de amor muere
Sino quien no save amar.

DEUX ESPAGNOLS.

Dulce muerte es el amor
Con correspondencia igual,
Y si esta gozamos hay
Porque la quieres turbar?

UN ESPAGNOL.

Alegrese enamorado
Y tome mi parecer

Que en esto de querer
Todo es hallar el vado.

TOUS TROIS ENSEMBLE.

Vaya, vaya de fiestas,
Vaya de vayle,
Alegria, alegria, alegria,
Que esto de dolor es fantasia.

QUATRIESME ENTRÉE.

ITALIENS.

Une musicienne italienne fait le premier recit, dont voicy les paroles :

Di rigori armata il seno
Contro Amor mi ribellai,
Ma fui vinta in un baleno
In mirar due vaghi rai,
Ahi! che resiste puoco
Cor di gelo a stral di fuoco!

Ma sì caro è 'l mio tormento,
Dolce è sì la piaga mia,
Ch' il penare è 'l mio contento,
E 'l sanarmi è tirannia.
Ahi! che più giova è piace
Quanto amor è più vivace!

Aprés l'air que la musicienne a chanté, deux scaramouches, deux trivelins et un harlequin representent une nuit, à la maniere des comédiens italiens, en cadance.

Un musicien italien se joint à la musicienne italienne, et chante avec elle les paroles qui suivent :

LE MUSICIEN ITALIEN.

Bel tempo che vola
Rapisce il contento,
D'Amor ne la scola
Si coglie il momento.

LA MUSICIENNE.

Insin che florida
Ride l' età
Che pur tropp' horrida
Da noi sen và.

TOUS DEUX.

Sù cantiamo,
Sù godiamo,
Ne bei dì di gioventù :
Perduto ben non si racquista più.

MUSICIEN

Pupilla ch' è vaga
Mill' alme incatena,
Fà dolce la piaga,
Felice la pena.

MUSICIENNE.

Ma poiche frigida
Langue l'età,
Più l'alma rigida
Fiamme non hà.

TOUS DEUX.

Sù cantiamo, etc.

Aprés le dialogue italien, les scaramouches et trivelins dancent une réjoüissance.

CINQUIESME ENTRÉE.

FRANÇOIS.

Deux musiciens poitevins dancent, et chantent les paroles qui suivent :

Premier Menuet.

PREMIER MUSICIEN.

Ah! qu'il fait beau dans ces boccages!
Ah! que le Ciel donne un beau jour!

AUTRE MUSICIEN.

Le rossignol, sous ces tendres feüillages,
Chante aux échos son doux retour :
Ce beau séjour,
Ces doux ramages,
Ce beau séjour
Nous invite à l'amour.

Second Menuet.

TOUS DEUX ENSEMBLE.

Voy, ma Climene,
Voy sous ce chesne
S'entrebaiser ces oyseaux amoureux ;
Ils n'ont rien dans leurs vœux
Qui les gesne,
De leurs doux feux
Leur ame est pleine.
Qu'ils sont heureux!
Nous pouvons tous deux,
Si tu le veux,
Estre comme eux.

Six autres François viennent aprés, vestus galamment à la poitevine, trois en hommes et trois en femmes, accompagnez de huit flustes et de haut-bois, et dancent les menuets.

SIXIESME ENTRÉE.

Tout cela finit par le mélange des trois nations, et les aplaudissemens en dance et en musique de toute l'assistance, qui chante les deux vers qui suivent ;

Quels spectacles charmans, quels plaisirs goûtons-nous !
Les dieux mesmes, les dieux n'en ont point de plus doux.

VARIANTES ET ADDITIONS[1]

(Acte I, fin de la scène II, après : *C'est ce qu'il vous plaira, allons !*)

Quatre danseurs, qui étaient assis au fond du théâtre, descendent en scène. — Sur le commandement : Allons, Messieurs! *les danseurs saluent M. Jourdain, après quoi ils commencent à exécuter tous les mouvements différents et toutes les sortes de pas que le maître à danser leur commande dans l'ordre suivant :*

1° Allons, Messieurs, gravement.
2° Plus vite ceci.
3° Gravement ce mouvement de sarabande.

---

1. Faure, l'auteur de ces additions au texte de Molière, avait été danseur à l'Opéra avant la Révolution ; il débuta à la Comédie-Française vers 1808, se retira après trente ans de service, et mourut à Nemours peu d'années après sa retraite. C'était un comédien utile, exact et médiocre, qui a joué cependant quelques rôles secondaires, tels que l'Apothicaire et l'Avocat dansant de *Pourceaugnac*, la Jeunesse du *Barbier de Séville*, Colin de *Georges Dandin*, d'une façon très plaisante. Son triomphe était le Maître de danse du *Bourgeois gentilhomme ;* il le jouait avec l'autorité que lui donnait son ancien métier de danseur ; et le texte, d'un caractère technique, dont il se servait pour donner sa leçon, et que nous avons recueilli, sera toujours utile, nous le pensons, aux comédiens qui auront à jouer ce rôle.

4° (*A un danseur seul.*) Donnez de l'accent à cet air de canaris.

5° (*A tous les danseurs.*) Prenez bien cette bourrée.

(Acte II, scène I, page 63, ligne 5, après *s'il vous plaît :*)

Placez-vous, Monsieur : le corps droit, la tête haute, le sourire sur les lèvres. Bien. — Troisième position : le talon à la rosette du soulier. Effacez vos épaules... un peu plus. Soutenez vos coudes... sans raideur. La poitrine en avant... Un peu moins. Écartez le petit doigt. — C'est ce que nous appelons de la grâce. Souriez. Bon. — Nous saluons du bras droit. (*Il salue.*) Un, deux, trois et quatre. — Pour le bras gauche : le coude à la hauteur de l'épaule. En passant la main devant vous, déployez le bras dans toute sa longueur pour présenter, en souriant, la main à la dame. Ainsi : (*galamment*) Madame ! Moi, seul, une fois, pour la mémoire :

(*Il danse en chantant :*)

La, la, la, la, la, la, la, etc...

A vous, Monsieur.

(*Pendant que M. Jourdain danse, le maître à danser chante :*)

La, la, la, la, la ; en cadence, s'il vous plaît. La, la, la, la, la, la ; la jambe droite. La, la, la. Bien.

Ensemble maintenant, Monsieur.

Vous, par ici, moi, par là.

(*Chantant et dansant.*)

La, la, la, la, la, la, la, etc...

Bien. — Tenez-vous droit, Monsieur. Le corps sur la jambe qui est derrière. Le menton à l'épaule ; regardez-moi ; souriez. Nous partons. Deux pas en avant ; en cadence :

(*Il danse avec M. Jourdain.*)

(*Chantant.*) Ne remuez point tant les épaules. (*Parlé.*) Donnez-moi la main. (*Chantant.*) Regardez-moi, Monsieur, sous le bras, gracieusement. Là; vos deux bras sont estropiés.

(*Parlé.*) Nous continuons, Monsieur. Rendons les saignées. Ne cassez point vos poignets. Deux pas en avant. En cadence :

(*Il chante et danse.*)

La, la, la, la, la. Haussez la tête. (*Parlé.*) Donnez-moi la main. (*Chantant.*) Tournez la pointe du pied en dehors. La, la, la. Dressez votre corps. Bien. Assemblé soutenu en tournant. Des demi-pointes, Monsieur, des demi-pointes !— Bon. Saluez. Souriez... On ne peut pas mieux!

(Acte II, scène I, page 64, ligne 5, après : *Faites un peu. Bon !*)

LE MAITRE A DANSER.

Vous voyez, Monsieur, pour ma révérence en arrière, j'incline mon corps en avant; je dégage ma jambe gauche en quatrième derrière et je redresse mon corps en tendant légèrement le jarret et la pointe du pied droit. (*Il salue.*)

Première révérence :

Faites attention, Monsieur. Je pars du pied droit. Je compte : un, deux, vous voyez, au troisième, je dégage en seconde et rapproche en première. Je salue. (*Il salue.*)

Deuxième révérence :

Un, deux; vous voyez, au troisième, j'arrondis mes bras et j'écarte le petit doigt. (*Il salue.*)

Troisième révérence :

Je repars du pied droit, je recompte : un, deux, au troisième, je dégage encore en seconde et rapproche en première. Faites attention à ma tête et à mes épaules. (*Il salue très bas.*)

(*A M. Jourdain, qui lui dit :* Bon !) Faites maintenant, Monsieur.

Révérence en arrière :

Inclinez le corps en avant. Souriez. La jambe gauche, quatrième position derrière la droite. Bien. Maintenant, une toute petite révérence, toute mignonne, toute gracieuse, comme... pour demander la permission d'entrer. — Ainsi :

(*Il fait une révérence que M. Jourdain répète.*)

C'est cela, Monsieur.

Première révérence :

Partez du pied droit; un, deux, trois, dégagez en seconde et rapprochez en première. Saluez. — Soutenez vos coudes et écartez le petit doigt. Bien, Monsieur.

Deuxième révérence :

Un, deux, trois. — Souriez donc, Monsieur, souriez donc! et le petit doigt, le petit doigt!... Enflez vos coudes et arrondissez vos épaules. Saluez plus bas pour la seconde révérence. Bien.

Troisième révérence :

Tenez-vous droit, Monsieur; la tête haute, Partez; le pied droit le premier : un, deux, trois, dégagez encore en seconde et rapprochez en première. Bien, Monsieur. Pour la troisième révérence, arrondissez bien vos épaules, enflez bien vos coudes. Saluez, bas, très-bas; encore plus; la tête à mes genoux. Bien ! Très-bien ! Bravo !

Seulement, il ne fallait pas garder votre chapeau sur votre tête.

OCCVPA PORTVM
IOV AVST

IMPRIMÉ PAR D. JOUAUST

POUR LE

DEUX-CENTIÈME ANNIVERSAIRE

DE LA FONDATION

DE LA COMÉDIE-FRANÇAISE

21 OCTOBRE 1880

www.ingramcontent.com/pod-product-compliance
Ingram Content Group UK Ltd.
Pitfield, Milton Keynes, MK11 3LW, UK
UKHW020212250726
13967UKWH00003B/1428

9 782013 039291